SONJA BAUMANN & ERIK SCHEFFLER

BRUNCH IST TOT

südwest

INHALT

VÖGELN

ALLES KANN, NICHTS MUSS!

Viel besser kann man Frühstück wohl nicht beschreiben. Wir sind der Meinung, Frühstück macht Spaß, Frühstück motiviert, Frühstück macht glücklich. Und das nicht auf altbackene, sondern auf unkonventionelle Art und Weise. Frühstück ist Anarchie und hier können wir uns so richtig austoben: kalt, warm, süß, herzhaft und am liebsten alles durcheinander!

Warum also gehen viele lieber zum „Brunchen" als Frühstücken? Was stört uns so am Frühstück? Vielleicht, weil die Welt schnell und hektisch ist und jeder, wenn er denn kann, gerne mal ausschläft. Und wer spät aufsteht, kann nicht mehr frühstücken. So sagen es die gesellschaftlichen Gepflogenheiten. Der Brunch ist dann unser vermeintlicher Retter, er ermöglicht es uns, bis in den späten Nachmittag hinein zu essen und zu trinken, was wir wollen.

So ein Unsinn. Wir sagen: Brunch ist tot, lang lebe das Frühstück! Denn wir lieben Frühstück und möchten es wieder zu dem machen, was es einmal war: ein glorreicher Start in den Tag. Und das sogar, obwohl wir alles andere als Frühaufsteher sind. Doch heute drehen sich die Uhren anders und wir finden nichts, was dagegenspricht, nicht auch mittags oder gar abends zu frühstücken. Hierfür ist nur ein bisschen Out-of-the-box-Thinking gefragt. Das ist aber kein Problem, denn wenn uns eines liegt, dann unorthodoxer Ideenreichtum und eine überdurchschnittliche Dosis Wahnsinn. Heraus kommen dann Frühstücksrezepte, die das herkömmliche Brunch-Buffet meilenweit in den Schatten stellen.

Aber wie ist unsere Liebe fürs Frühstück überhaupt erst aufgeflammt? Normalerweise sollte man denken, dass wir als Sterneköche auch nur teuer essen gehen. Als motivierte Individualtouristen haben wir aber irgendwann angefangen, uns eher tolle Orte zum morgendlichen Schlemmen als für exzessive Sternedinner-Sessions zu suchen. Wir erlebten wahre Frühstücksoffenbarungen. Wieder zu Hause, fiel es uns dann wie Haferflocken von den Augen: So etwas gab es hier für uns nicht. Nur Käse-Wurst-Platten, Tiefkühlgebäck und durchschnittliche Eierspeisen. Also trieb uns die Sehnsucht nach den fluffigsten Pancakes, wachsweichen pochierten Eiern, reichlich belegten Stullen und frisch gebrühtem Kaffee zum Äußersten. Wir mussten selbst ran, ab an den Herd, ausbrechen aus unserem täglichen Sternewahnsinn und das perfekte Pancake-Rezept entwickeln, Brote selbst backen, bis es uns passte, und so viel Latte Fart produzieren, bis es endlich Art wurde.

Der Rest ist Geschichte. Eine Legende, erbaut auf den Eierschalenmassen vergangener Eierpochieraktionen. Wir freuen uns, dass ihr mit uns und unserem Buch in den Tag starten wollt. Ab jetzt heißt es nur noch: Lasst euch treiben, probiert, kreiert und streicht das Wort „Brunch" aus eurem Wortschatz!

HULK

BASICS: OHNE DAS GEHT GAR NICHTS

BROT & BRÖTCHEN

Es gibt doch nichts Schöneres als den Duft von frisch gebackenem Brot und Brötchen am Morgen. In unserem Restaurant machen wir grundsätzlich alle Backwaren selbst, und mit diesen Rezepten werdet auch ihr schnell zu virtuosen Heimbäckern.

Falls ihr lieber den einfachen Weg geht: Frisches Brot könnt ihr natürlich auch immer beim Bäcker eures Vertrauens kaufen. Aber: Brot selbst zu backen ist ein unglaublich gutes Gefühl, für das sich Zeit, Arbeit und klebrige Teighände auf jeden Fall lohnen. Auf den folgenden Seiten haben wir euch einige unserer Lieblingsrezepte zusammengestellt. Sie gelingen auch Anfängern auf Anhieb und nehmen euch hoffentlich die Hemmschwellen vor dem Selberbacken. Also, ran an den Teig!

SAUERTEIGBROT

Zutaten
325 ml Wasser
16 g Apfelessig
2 g Hefe
16 g Weizensauerteig (selbst hergestellt oder fertig aus dem Reformhaus)
320 g Weizenmehl Type 550
75 g Dinkelmehl 680
70 g Roggenmehl Type 1150
9 g Salz

Außerdem
etwas Öl zum Einfetten

Für 1 Laib

- Wasser, Apfelessig und Hefe verrühren und 20 Minuten an einem warmen Ort ruhen lassen.

- Gebt nun den Sauerteig und alle trockenen Zutaten hinzu. Den Teig 5 Minuten bei niedriger Stufe in der Küchenmaschine mit dem Knethaken kneten.

- Nehmt den Teig und gebt ihn in eine leicht geölte Schüssel. Deckt diese locker ab und lasst den Teig etwa 6 Stunden gehen. Nach dieser Zeit dehnt ihr den Teig ein wenig, überschlagt ihn einmal von oben nach unten und einmal von links nach rechts. Deckt die Schüssel nun wieder ab und lasst den Teig weitere 12 Stunden gehen.

- Nach Ablauf der Zeit heizt ihr euren Ofen auf 230 °C (Umluft) mit dem Backblech vor, nehmt den Teigling aus der Schüssel und setzt ihn auf das heiße Blech. Eine mit Wasser gefüllte Metallschüssel unten in den Ofen stellen, das Brot hineinschieben und 15 Minuten backen. Die Hitze auf 210 °C (Umluft) herunterdrehen, die Wasserschüssel herausnehmen und weitere 25 Minuten zu Ende backen. Das Brot ist fertig gebacken, wenn es beim „Anklopfen" hohl klingt beziehungsweise 92 °C Kerntemperatur hat. Auf einem Metallgitter abkühlen und schmecken lassen.

VIOLETTES SAUERTEIGBROT

Zutaten

325 ml frischer Saft von lila Urkarotten
16 g Apfelessig
2 g Hefe
16 g Weizensauerteig (selbst hergestellt oder fertig aus dem Reformhaus)
320 g Weizenmehl Type 550
75 g Dinkelmehl Type 680
70 g Roggenmehl Type 1150
9 g Salz

Außerdem

etwas Öl zum Einfetten

Für 1 Laib

- Karottensaft, Apfelessig und Hefe verrühren und 20 Minuten an einem warmen Ort ruhen lassen. Gebt nun den Sauerteig und alle trockenen Zutaten hinzu. Den Teig 5 Minuten bei niedriger Stufe in der Küchenmaschine mit dem Knethaken kneten.

- Nehmt den Teig und gebt ihn in eine leicht geölte Schüssel. Deckt diese ab und lasst den Teig etwa 6 Stunden gehen. Nach dieser Zeit dehnt ihr den Teig ein wenig, überschlagt ihn einmal von oben nach unten und einmal von links nach rechts. Deckt die Schüssel nun wieder ab und lasst den Teig weitere 12 Stunden gehen.

- Heizt den Backofen auf 230 °C (Umluft) vor und stellt eine gusseiserne Cocotte oder einen gusseisernen Bräter mit Deckel hinein. In der Zwischenzeit faltet ihr den Teig noch mal wie am Vortag und formt ihn auf einer bemehlten Oberfläche mit beiden Händen rund. Sobald die Cocotte heiß genug ist, gebt ihr den Brotteig hinein, schließt den Deckel und backt das Brot 20 Minuten lang. Danach reduziert ihr die Temperatur auf 200 °C (Umluft) und lasst es für weitere 25 Minuten im Backofen. Das Brot ist fertig, wenn es beim „Anklopfen“ hohl klingt beziehungsweise 92 °C Kerntemperatur hat. Auf einem Metallgitter abkühlen und schmecken lassen.

GLUTENFREIES BROT

Zutaten
500 ml Wasser
15 g Hefe
20 g Flohsamenschalen
10 g Salz
200 g Buchweizenmehl
100 g dunkles Reismehl
50g Hirsemehl
5 g Haferflocken

Außerdem
etwas Fett für die Kastenform

Für 1 Laib

- Vermengt das Wasser mit der Hefe und gebt im Anschluss alle weiteren Zutaten dazu.

- Knetet alles 5 Minuten bei niedrigster Stufe in der Küchenmaschine mit Knethaken, bis ein schöner Teig entstanden ist.

- Gebt den Teig nun in eine leicht geölte Schüssel und deckt ihn ab. Lasst ihn über Nacht bei Raumtemperatur gehen.

- Stürzt den Teig aus der Schüssel auf eine mehlierte Oberfläche und überschlagt den Teig einmal.

- Fettet eine Kastenform und legt sie mit einem breiten Streifen Backpapier aus. Damit bekommt ihr das gebackene Brot nach dem Backen leichter aus der Form.

- Formt aus dem Teig eine längliche Wurst, gebt diese mit dem Schluss nach oben in die Backform und lasst den Teig noch einmal 30 Minuten gehen.

- Heizt euren Ofen auf 210 °C (Umluft) vor und stellt eine mit Wasser gefüllte Metallschüssel unten in den Ofen. Jetzt das Brot hineinschieben und 15 Minuten backen. Die Hitze auf 190 °C (Umluft) herunterdrehen, die Wasserschüssel herausnehmen und weitere 20–25 Minuten zu Ende backen. Das Brot ist fertig gebacken, wenn es 92 °C Kerntemperatur hat. Auf einem Metallgitter abkühlen lassen.

AVOCADO-BROT

Für den Teig
80 ml Wasser
2 EL brauner Zucker
30 g Hefe
120 ml Vollmilch
100 g Weizenvollkornmehl
8 g Salz
300 g Weizenmehl Type 405

Für das Avocadopüree
2–3 Avocados
100 g frischer Koriander oder frische Petersilie
2 rote Chilischoten

Für 1 Laib

- Vermengt Wasser, Zucker, Hefe, Milch und Vollkornmehl in der Küchenmaschine zu einem Grundteig.

- Halbiert die Avocados, entfernt den Stein und hebt das Fruchtfleisch mit einem Löffel heraus und gebt es in eine Schüssel. Mit einer Gabel zerdrücken. Den Koriander oder die Petersilie spült ihr kurz ab, schüttelt die Kräuter trocken und schneidet oder hackt sie fein. Dann halbiert ihr die Chilischoten, entfernt die Kerne und schneidet sie klein. Vermengt alles zu einem Püree.

- Nun gebt ihr das Avocadopüree nach und nach zum Grundteig, bis dieser schön homogen ist.

- Salz und das Mehl Type 405 dazugeben und verkneten, in eine leicht geölte Schüssel geben, locker abdecken und 2 Stunden bei Raumtemperatur gehen lassen – am besten aber über Nacht im Kühlschrank.

- Dehnt und überschlagt den Teig jetzt einmal von oben nach unten und einmal von links nach rechts. Rollt ihn danach vorsichtig zu einer Rolle, gebt ihn in eine Kastenform und lasst ihn noch mal gehen, bis er sein Volumen deutlich vergrößert hat.

- Den Teig nun der Länge nach einritzen, zusammen mit einer mit Wasser gefüllten Metallschüssel in den vorgeheizten Ofen bei 180 °C (Umluft) geben und 40 Minuten mit Alufolie abgedeckt und weitere 10 Minuten ohne Alufolie backen.

TOASTBROT

Für den Vorteig
60 ml Wasser
3 g Hefe
100 g Weizenmehl Type 550

Für den Teig
140 ml Wasser
50 ml Sahne
20 g Honig
8 g Hefe
260 g Weizenmehl Type 550
10 g Salz
20 g weiche Butter

Für 1 Laib

- Vermengt Wasser, Hefe und Mehl in der Küchenmaschine zu einem Grundteig und lasst ihn circa 30 Minuten bedeckt gehen.

- Nun gebt ihr die restlichen Zutaten bis auf die Butter zu und verknetet es gut. Jetzt die weiche Butter nach und nach einkneten, bis ein homogener Teig entsteht. Gebt den Teig in eine Schüssel, deckt ihn locker ab und lasst ihn 2 Stunden bei Raumtemperatur gehen – am besten aber über Nacht im Kühlschrank.

- Dehnt und überschlagt den Teig jetzt einmal von oben nach unten und einmal von links nach rechts. Rollt ihn danach vorsichtig zu einer Rolle, gebt ihn in eine Kastenform und lasst ihn noch mal gehen, bis er sein Volumen deutlich vergrößert hat.

- Den Teig nun der Länge nach einritzen, zusammen mit einer mit Wasser gefüllten Metallschüssel in den vorgeheizten Ofen bei 180 °C (Umluft) geben und 40 Minuten mit Alufolie abgedeckt und weitere 10 Minuten ohne Alufolie backen.

LAUGENBRÖTCHEN ODER HELLE BRÖTCHEN

Für den Teig
100 ml Buttermilch
7 g Honig
100 ml Wasser
5 g Hefe
380 g Weizenmehl Type 550
60 g Weizenvollkornmehl
10 g Salz
30 g weiche Butter

Für die Lauge und die Garnitur
250 ml Wasser
10 g Laugenperlen
etwas grobes Salz
etwas Kümmel

Für 6 Stück

- Buttermilch, Honig, etwas von dem Wasser und Hefe verrühren und 30 Minuten gehen lassen. Nun die Mehle, das Salz, die Butter und das restliche Wasser zugeben und in der Küchenmaschine zu einem homogenen Teig kneten. 24 Stunden abgedeckt im Kühlschrank gehen lassen.

- Den Teig nun auf eine mehlierte Arbeitsfläche stürzen und in 6 gleich große Teile portionieren. Erst mal jedes Teigstück in Kugeln, dann länglich rollen.

- Die Teiglinge unabgedeckt 1–1,5 Stunden gehen lassen. Den Ofen auf 190 °C (Umluft) vorheizen und eine mit Wasser gefüllte Metallschüssel unten hineinstellen – dann gehen eure Brötchen nachher schön gleichmäßig auf.

- In der Zwischenzeit 250 Gramm Wasser und 10 Gramm Laugenperlen verrühren und bereitstellen. Beachtet dabei unbedingt die Verarbeitungshinweise auf der Verpackung und tragt immer Handschuhe.

- Nun legt ihr die Brötchen auf eine Schaumkelle und gebt sie für je 10 Sekunden von jeder Seite in das Laugenbad. Lasst sie gut abtropfen und legt sie auf ein Stück Backpapier.

- Bestreut sie mit Salz und Kümmel und zieht das Backpapier auf ein heißes Backblech.

- Backt sie nun 15 Minuten, dreht sie einmal um und backt sie noch einmal circa 5 Minuten.

- **Tipp:** Laugenperlen (NaOH) bekommt ihr in spezialisierten Onlineshops oder der Apotheke eures Vertrauens. Optional könnt ihr die Brötchen auch backen, ohne sie zu laugen, dann habt ihr schöne normale helle Brötchen.

BAGEL

GRUNDREZEPT

Für den Vorteig
6 g Hefe
50 ml Wasser
50 g Weizenmehl Type 550

Für den Teig
220 g Weizenmehl 550
3 g Salz
10 g brauner Zucker
15 g Honig
10 g flüssige Butter
90 ml Wasser

Außerdem
5 l Wasser
Salz
1 Lorbeerblatt
Optional: heller Sesam zum Bestreuen

VARIANTE 1: NORIBAGEL

Zum Grundteig hinzugeben:
3 g Spirulina
3 g Nori-Algen, zu Puder gemixt

VARIANTE 2: TOMATEN-PAPRIKA-BAGEL

Vom Grundteig entfernen
20 g Weizenmehl 550

Zum Grundteig hinzugeben
10 g Paprikapulver edelsüß
10 g getrocknete Tomaten, zu Puder gemixt
geschrotete Pinienkerne zum Bestreuen

Für 6 Stück

- Die Hefe im lauwarmen Wasser verrühren und mit dem Mehl verkneten. Den Vorteig nun abgedeckt 30–60 Minuten gehen lassen.

- Danach in die Küchenmaschine geben, alle weiteren Zutaten für den Teig dazugeben und mit dem Knethaken zu einem homogenen Teig kneten.

- Am besten lasst ihr diesen Teig 24 Stunden über Nacht im Kühlschrank gehen – oder aber mindestens 4 Stunden bei Raumtemperatur.

- Den Teig nun in 6 Teile portionieren und auf einer leicht bemehlten Arbeitsfläche zu Kugeln rollen. Diese nun mit Folie abgedeckt 15 Minuten gehen lassen, mit dem Zeigefinger ein Loch in die Mitte drücken und in schwingenden Bewegungen einen Ring daraus formen. Diese Ringe nochmals 30 Minuten mit Folie abgedeckt gehen lassen.

- Den Backofen auf 190 °C vorheizen. Währenddessen einen Topf mit Salzwasser und einem Lorbeerblatt zum Kochen bringen. Sobald die Bagel schön aufgegangen sind, gebt ihr sie nebeneinander in das kochende Wasser und kocht sie 30 Sekunden von jeder Seite.

- Tropft sie mit der Schaumkelle ab und legt sie auf ein bereits ofenheißes Blech mit Backpapier und schiebt sie in den Backofen. Solltet ihr Bagel mit Topping haben wollen, legt ihr sie zuvor mit der Oberseite in eine Schüssel mit Körnern und legt sie dann mit der bestreuten Seite nach oben aufs Blech.

- Backt die Bagel nun 15 Minuten und dreht sie danach auf den Kopf. Nach weiteren 5 Minuten sollten sie durchgebacken sein.

DINKELBRÖTCHEN MIT UND OHNE KÖRNER

Für den Teig
5 g Hefe
210 ml Wasser
10 g Leinöl
15 g Butter
80 g Dinkelmehl Type 630
30 g Roggenmehl Type 1150
240 g Weizenmehl Type 550
8 g Salz

Körnermischung zum Bestreuen (optional)
ungeschälte Hanfsaat
Leinsamen
Sesam hell

Für 6 Stück

- Löst die Hefe im lauwarmen Wasser auf und gebt Öl, Butter und alle weiteren Zutaten hinzu. Verarbeitet alles in der Küchenmaschine zu einem schönen Teig. Diesen lasst ihr entweder abgedeckt über Nacht im Kühlschrank gehen – oder mindestens 4 Stunden bei Raumtemperatur.

- Teilt den Teig auf 6 Stücke auf und rollt daraus Kugeln. Solltet ihr die Körnervariante wählen, drückt eure Teigrohlinge einmal mit der Oberseite in eure Körnermischung.

- Die Teiglinge lasst ihr etwa 1 Stunde bei Raumtemperatur auf einem Backpapier gehen.

- In der Zwischenzeit heizt ihr den Ofen mitsamt Backblech auf 210 °C (Umluft) vor und stellt eine mit Wasser gefüllte Metallschüssel auf den Ofenboden. Sobald die Brötchen ausreichend gegangen sind, ritzt ihr sie über Kreuz ein und zieht das Backpapier auf das heiße Backblech. Schiebt alles in den Ofen und backt die Brötchen für 5 Minuten. Reduziert danach die Hitze auf 180 °C und backt sie in weiteren 15 Minuten fertig.

KNUSPER, KNUSPER, KNÄUSCHEN

3 Möglichkeiten, wie ihr leckeres Granola selbst machen könnt. Wertet so ziemlich jedes süße Frühstück auf!

VARIANTE 1

100 g Haferflocken
20 g Leinsamen
100 g Mandelhobel
10 g gepuffte Braunhirse
1 Prise Salz
100 g Agavendicksaft

Für 3 Personen

VARIANTE 2

100 g Haferflocken
20 g Leinsamen
50 g Rosinen
10 g Braunhirsebällchen
1 Prise Salz
75 g Honig

Für 3 Personen

VARIANTE 3

10 g gepuffter Amaranth
100 g Walnusskerne
20 g gepuffter Dinkel
100 g Mandelhobel
1 Prise Salz
100 g Ahornsirup

Für 3 Personen

- Röstet alle trockenen Zutaten bei 180 °C (Umluft) 10 Minuten im Ofen. Reduziert die Hitze auf 140 °C, verteilt Honig, Agavendicksaft oder Ahornsirup darüber und backt es weiter. Bei Honig nach 20 Minuten, bei Ahornsirup und Agavendicksaft nach 30–40 Minuten aus dem Ofen nehmen. Abkühlen lassen und in einem luftdichten Behälter lagern.

WURST!

Habt ihr schon mal darüber nachgedacht, Wurst selbst zu machen? Ein etwas aufwendiges Unterfangen, das sich aber absolut lohnt. Es ist etwas Geschick und spezielles Equipment vonnöten, hat man den Dreh aber einmal raus, ist die Übung gar nicht mehr so schwer. Hier findet ihr drei Rezepte, von denen ihr euch auch gut zu Eigenkreationen inspirieren lassen könnt.

THÜRINGER

1 kg Schweinebauch
1 kg durchwachsene Kalbsschulter
1 Zwiebel
2 Knoblauchzehen
1 Bund Petersilie
1 Bund Majoran
10 g grob gemahlener schwarzer Pfeffer
10 g gemahlener Kümmel
5 g gerebelter Majoran
20 g Salz
Naturdärme 26/28 (mindestens 20 Minuten in warmem Wasser eingeweicht)

—

Für 12 Würste à ca. 120 g

PAPRIKAWURST

1,5 kg Lammrücken mit Fettdeckel
500 g Kalbsschulter
2 rote Paprikaschoten
2 Schalotten
3 rote Chilischoten
5 Knoblauchzehen
1 Bund frischer Koriander
20 g geriebener Ingwer
5 g Rauchpaprikapulver
25 g Kreuzkümmel
15 g grob gemahlener schwarzer Pfeffer
20 g Koriandersamen
25 g Salz
Naturdärme 26/28 (mindestens 20 Minuten in warmem Wasser eingeweicht)

—

Für 12 Würste à ca. 120 g

FENCHELBRATWURST

2 kg durchwachsene Kalbsschulter
2 Zwiebeln
3 Fenchelknollen
3 Knoblauchzehen
40 g gehackte Petersilie
10 g geriebener Ingwer
10 g grob geschroteter schwarzer Pfeffer
1 gelbe Chilischote
20 g Fenchelsaat
Abrieb von 2 Zitronen
20 g Salz
Naturdärme 26/28 (mindestens 20 Minuten in warmem Wasser eingeweicht)

—

Für 12 Würste à ca. 120 g

- Grundsätzlich ist die Vorgehensweise bei all unseren Wurstrezepten gleich. Schneidet das gut gekühlte Fleisch in grobe Würfel, die durch eure Fleischwolföffnung passen, und wolft sie durch die mittelgrobe Scheibe.

- Das Gleiche macht ihr mit all eurem geputzten Gemüse.

- Gebt alles zusammen in eine große Schüssel und gebt die geschnittenen Kräuter dazu. Mixt die Gewürze mit dem Salz in einem kleinen Standmixer und gebt es zum Rest.

- Jetzt sehr gut vermengen, bis ein gleichmäßiges Wurstbrät entstanden ist.

- Gebt die Masse in eure Wurstmaschine, den Darm bis auf ein circa 3 Zentimeter langes Anfangsstück komplett auf die mittelgroße Tülle fädeln. Den Darm sanft von der Tülle ziehen, sodass die Masse hineingleiten kann. Sobald die ganze Masse eingefüllt ist, dreht ihr Würste auf circa 15–20 Zentimeter ab. Mehrmals gründlich überschlagen, dann lassen sie sich später besser separieren. Fertig!

DIE HEILIGE SAUCE

Viele haben Respekt vor der Zubereitung einer perfekten klassischen Hollandaise. Probiert es doch einfach mal aus und ihr werdet merken: Es ist gar nicht so schwer wie gedacht. Wir haben zwei Varianten für euch aufgeschrieben, mit denen es so gut wie immer funktioniert.

SAUCE HOLLANDAISE

250 g heller Balsamicoessig
250 ml Weißwein
5 g weiße Pfefferkörner
1 Lorbeerblatt
20 g Estragon
20 g Kerbel
2 Schalotten, in Streifen geschnitten
500 g Butter
100 g Eigelb
Salz
Zucker

- Die Basis für jede Hollandaise ist eine solide Reduktion. Hierfür setzt ihr Essig und Wein mit den Gewürzen, grob geschnittenen Kräutern und Schalottenstreifen an und lasst es kochen, bis ihr noch etwa 100 Milliliter passierte Flüssigkeit übrig habt.

- Die Butter gebt ihr bei mittlerer Hitze in einen flachen Topf und lasst sie aus, bis sie klar ist. Für aromatische braune Butter lasst ihr den Topf einfach etwas länger auf dem Herd, bis sie goldbraun ist. Egal wie, lasst die Butter etwas abkühlen und gießt sie durch ein feines Sieb oder am besten durch ein Passiertuch.

- Nehmt jetzt einen kleinen Topf mit etwas Wasser und bringt es zum Kochen. Stellt eine Schüssel mit rundem Boden darauf, reduziert die Hitzezufuhr auf ein Minimum und gebt das Eigelb hinein. Verrührt diese sofort mit 5 Esslöffeln der Reduktion und schlagt die Masse mit einem flexiblen Schneebesen schaumig auf. Vorsicht – bei zu viel Hitze gerinnt euch das Eigelb. Das wollt ihr vermeiden.

- Nun lasst ihr die geklärte beziehungsweise braune Butter während des Rührens langsam Stück für Stück einlaufen und verrührt sie gut, bis alles schön homogen emulgiert ist.

- Schmeckt die Sauce jetzt mit Salz und Zucker ab und serviert sie lauwarm.

- Alternativ könnt ihr eure Hollandaise auch im Standmixer machen. Hierfür Eigelb und Reduktion auf 70 °C schaumig rühren, die Temperatur auf 35 °C stellen und dann nach und nach die Butter einlaufen lassen. Abschmecken, fertig.

- **Tipp:** Man kann die Sauce übrigens auch in eine Siphonflasche geben, mit einer Sahnekapsel laden und damit eine schön schaumige Sauce hollandaise zaubern!

CEREAL KILLER

Wer kennt es nicht? Morgens verstrahlt in die Küche taumeln, eine Ladung trockenes Müsli in die Schüssel kippen, Milch drauf, einmal umrühren und ab damit in die Futterluke. Schon gibt der Hunger erst mal wieder Ruhe. Echt jetzt? Das kann doch nicht euer Ernst sein!

Als schneller Sattmacher hat Müsli durchaus seine Daseinsberechtigung. Doch das, was man hier in den Supermarktregalen so findet, sind meist langweilige, ungesunde und viel zu süße Fertigmischungen. Die machen zwar satt, aber nicht wirklich glücklich. Und mal ganz ehrlich: Ein bisschen Glückseligkeit braucht man doch, vor allem am Morgen. Bei den hier vorgestellten Rezepten ist der Name Programm. Sie sind wahre Cereal Killer, die es euch leicht machen, einfach mal auf hippe pseudo-healthy Müslimischungen, großindustrielle Zuckerbomben und mega unzufriedenstellendes Fertigporridge aus dem Discounter zu verzichten und euer eigenes Ding zu machen.

Hausmüslimischung

Weil wir die typischen langweiligen Basismüslimischungen mehr als satthatten, haben wir einfach ein eigenes Hausmüsli kreiert. Es ist alles andere als normal und hat dadurch das Zeug zum echten Dauerbrenner in eurer Müslischüssel. Die Mischung könnt ihr gut in größeren Mengen vorbereiten und ihr habt so jederzeit ein richtig gutes Müsli zur Hand.

Für die Hausmüslimischung
100 g Pekannüsse
200 g Haferflocken
50 g Leinsamen
50 g Weizenkleie
5 g getrocknete Rosenblüten
20 g getrocknete Hibiskusblüten
100 g getrocknete Cranberrys

Außerdem
300 ml Cranberrysaft
6 EL Himbeermarmelade
250 g Rote Johannisbeeren
250 g Himbeeren
1 l Milch

Für 6 Personen

- Die Pekannüsse grob zerstoßen und mit den Haferflocken, den Leinsamen und der Weizenkleie mischen. Bei 160 °C (Umluft) 10 Minuten goldbraun rösten und etwas abkühlen lassen. Die Blütenblätter ebenfalls zerstoßen und mit den Cranberrys und der abgekühlten Trockenmischung mischen. Diese Mischung in ein großes Glas mit Schnappverschluss geben und bis zum Gebrauch aufbewahren.

- Die trockene Mischung in eine Schüssel geben, mit heißem Cranberrysaft übergießen und am besten über Nacht quellen lassen. Morgens dann mit der Marmelade verrühren und auf Schüsseln verteilen. Die Beeren daraufgeben und die Milch angießen.

- **Übrigens:** Dieses Rezept ist für sechs Leute und einen Morgen in Ruhe ausgelegt. Wenn aber mal wieder Not am Frühstück ist, kann diese Müslimischung natürlich auch je nach Hunger portionsweise gegessen werden und funktioniert super ohne vorheriges Quellen, Marmelade oder Früchte. Solltet ihr aber die nötige Zeit haben, macht unbedingt das volle Programm. Ihr werdet einen blumigen Tag haben, versprochen!

- **Tipp:** Dieses Basisrezept soll euch inspirieren. Ihr könnt eurer Kreativität freien Lauf lassen und einen anderen Saft, eine andere Marmelade und auch andere Früchte verwenden. Oder ihr seid selbst mal kreativ und kreiert eure ganz eigene Müslimischung!

MAIBOWLE BIRCHER

Wer bitte liebt keinen Waldmeister? Ein Glück, dass der rheinische Klassiker Maibowle auch gut als Frühstück geht. Dieses farbenfrohe Müsli sorgt für einen fruchtig-frischen Start in den Tag und erweckt eure Frühlingsgefühle, ohne high zu machen!

—

Für das Müsli und das Granola
100 g Haferflocken
150 g geschälte Hanfsamen
50 g ungeschälte Hanfsamen
200 ml Verjus
100 ml Wasser
1 Prise Salz
100 g Waldmeistersirup
50 g Honig

—

Für den Skyr
500 g Skyr
Abrieb und Saft von 1 Zitrone
50 g Puderzucker

—

Außerdem
500 g Erdbeeren
Zesten von 1 Limette
einige frische Minzblätter
Waldmeistergrün

—

Für 6 Personen

- Die Haferflocken mit geschälter und ungeschälter Hanfsaat mischen und bei 160 °C (Umluft) 10 Minuten im Ofen goldbraun rösten. 200 Gramm der noch heißen Mischung in eine hitzebeständige Schüssel geben, den Verjus, das Wasser, 1 Prise Salz und den Sirup darübergießen, umrühren und abgedeckt 15 Minuten stehen lassen.

- Für das Granola die restliche Mischung auf einem Backpapier mit dem Honig vermengen und bei 140 °C (Ober-/Unterhitze) circa 15 Minuten backen. Danach das Backpapier samt heißem Granola vom Blech ziehen und auf einem Gitter erkalten lassen.

- Den Skyr mit Zitronenabrieb, dem Saft der Zitrone und dem Puderzucker verrühren.

- Das Waldmeistermüsli in einer Schale anrichten. Die Erdbeeren waschen und halbieren, zusammen mit dem Skyr daraufgeben und mit Granola bestreuen. Limettenzesten darüberhobeln und mit frischer Minze dekorieren. In der Saison könnt ihr euer Meisterwerk zusätzlich mit Waldmeisterspitzen garnieren. Genießen und frühlingshaft fühlen!

- **Übrigens:** Verjus ist ein säuerlicher, aus unreifen Trauben gemachter Saft, den ihr im Weinladen oder im Bio-Supermarkt kaufen könnt. Verjus ist übrigens auch ein guter Weinersatz für alle, die an einer Histaminunverträglichkeit leiden.

BIRCHER COLADA

Fernweh? Dieses Müsli schmeckt nach Karibikurlaub! In der halben Kokosnuss serviert, ist es noch dazu ein echter Hingucker. Aus einer normalen Schüssel schmeckt es aber fast genauso gut – dann einfach die Augen zumachen und sich wie unter Palmen fühlen.

Für das Müsli und das Granola
200 g Haferflocken
20 g Mandelhobel
50 g Kokosflocken
20 g Leinsamen
400 ml Ananassaft
75 g Honig

Für das Kompott
1 Ananas
3 Passionsfrüchte

Außerdem
3 ganze Kokosnüsse
500 g Kokosjoghurt

Für 6 Personen

- Die Haferflocken, Mandelhobel, Kokosflocken und Leinsamen mischen und bei 160 °C (Umluft) 10 Minuten goldbraun rösten. 200 Gramm der noch heißen Mischung in eine hitzebeständige Schüssel geben, den Ananassaft darübergießen, umrühren und abgedeckt 30–60 Minuten quellen lassen.

- Die restliche Mischung auf ein Backblech mit Backpapier geben, mit dem Honig vermengen und bei 140 °C (Ober-/Unterhitze) in circa 15 Minuten in ein knuspriges Granola verwandeln. Das Backpapier vom Blech ziehen und auf einem Gitter abkühlen lassen.

- Die Ananas schälen, den harten Strunk entfernen und das Fruchtfleisch in grobe Stücke schneiden. Diese auf ein mit Backpapier ausgelegtes Backblech legen und bei 220 °C (Umluft) für 30 Minuten stark anrösten, bis sie ordentlich Farbe bekommen. Die Ananasstücke zwischendurch einmal umdrehen. Aus dem Ofen nehmen, etwas erkalten lassen und in mundgerechte Würfel schneiden. Die Passionsfrüchte halbieren, Kerne herauskratzen und unter die Ananaswürfel mischen.

- Die Kokosnüsse mit einem Beil oder einer Säge halbieren, sich dabei bestenfalls nicht verletzen, das Kokoswasser auffangen und unter das vorbereitete Müsli rühren.

- Das Müsli in die halben Kokosnüsse füllen, darauf Ananaskompott und Joghurt geben und mit Granola bestreuen. Servieren und von Urlaub träumen!

- Tipp: Das Kompott könnt ihr gut schon am Vortag zubereiten. Aber nicht gleich aufessen!

SIRTAKI JOGHI

Ein leichtes, knuspriges Frühstückchen, das nicht allzu viel Zeit kostet und eure Geschmacksknospen zum Tanzen bringt. Es kommt ganz ohne Getreide aus und macht durch die vielen Nüsse, den griechischen Joghurt und die Beeren ordentlich Spaß im Mund. Es ist aber nicht nur extrem lecker, sondern auch noch ausgesprochen nahrhaft!

Für das Granola

30 g Pinienkerne
50 g gehobelte Mandeln
50 g Haselnusskerne
50 g Walnusskerne
1 Prise Salz
50 g Honig

Für den Joghurt

500 g griechischer Joghurt
500 g Schafsjoghurt

Außerdem

250 g Schwarze Johannisbeeren
250 g rote Stachelbeeren
150 g Honig
Abrieb von 1 Zitrone

Für 6 Personen

- Die Kerne und Nüsse mischen, auf ein Backblech mit Backpapier geben und bei 160 °C (Umluft) 10 Minuten goldbraun rösten. Die Mischung aus dem Ofen nehmen, auf dem Blech mit 1 Prise Salz bestreuen und mit dem Honig vermengen. Anschließend bei 140 °C (Ober-/Unterhitze) weitere 15 Minuten backen. Danach das Backpapier vom Blech ziehen und das Granola auf einem Gitter erkalten lassen.

- Die beiden Joghurts miteinander verrühren.

- Die Beeren in einem Glas anrichten, Joghurt daraufgeben, mit Honig übergießen und mit dem Granola bestreuen. Etwas Zitronenabrieb daraufstreuen, um es noch sommerlicher zu machen. Löffel rein, drauflosschlemmen und Sirtaki in den Tag tanzen!

BRATAPFEL-PORRIDGE

Was Warmes für kühlere Tage, das euer Herz erfreut. Hier gesellen sich winterliche Gewürze wie Zimt und Anis zu süßem Marzipan und fruchtig-säuerlichen Äpfeln. Diese Kombi klingt nicht nur nach unglaublich leckerem Seelenfutter, sie ist es auch.

Für die Marzipancreme
50 ml Apfelsaft
25 g Rosinen
200 g Marzipan
100 g saure Sahne

Für das Porridge
70 g Haferflocken
70 g gehobelte Mandeln
70 g Buchweizen
1 Zimtstange
2 ganze Sternanis
300 ml Apfelsaft (naturtrüb)
50 ml Zitronensaft
200 ml Wasser
1 Prise Salz

Für das Apfelkompott
8 Äpfel, am besten die Sorte Braeburn

Knuspriges Topping: Granola (optional)
30 g Haferflocken
30 g gehobelte Mandeln
30 g Buchweizen
75 g Honig

Für 6 Personen

- Für die Marzipancreme am Vortag den Apfelsaft erwärmen und die Rosinen über Nacht darin quellen lassen.

- Für das Porridge die Haferflocken, Mandelhobel und den Buchweizen mischen und bei 160 °C (Umluft) 10 Minuten goldbraun rösten. Die noch heiße Mischung zusammen mit den Gewürzen in einen Topf geben. Den Apfelsaft, den Zitronensaft und das Wasser darübergießen, 1 Prise Salz zugeben, umrühren, aufkochen, 10 Minuten köcheln lassen und dann abgedeckt 15 Minuten ziehen lassen. Die Zimtstange und den Sternanis dann wieder entfernen.

- Die Äpfel im Ganzen auf ein Backblech mit Backpapier legen und 15 Minuten bei 200 °C (Umluft) backen. Aus dem Ofen nehmen, etwas abkühlen lassen, mit der Schale in Würfel schneiden und in eine Schüssel geben. Rühren, bis ein schönes Kompott entsteht.

- Den Marzipan und die saure Sahne mit dem Handrührgerät cremig aufschlagen und die gequollenen Rosinen unterheben.

- Das warme Porridge in einen schönen kleinen Topf oder in eine Schüssel geben, Apfelkompott und Marzipancreme daraufgeben und servieren. Wenn ihr wollt, könnt ihr noch selbst gemachtes Granola drüberstreuen. Jetzt nur noch das warme Bauchgefühl genießen!

- **Knuspriges Topping:** Für das Granola die Haferflocken, die Mandelhobel und den Buchweizen mischen und bei 160 °C (Umluft) 10 Minuten im Ofen goldbraun rösten. Herausnehmen, mit dem Honig vermengen und bei 140 °C (Ober-/Unterhitze) circa 15 Minuten fertig backen. Danach das Backpapier vom Blech ziehen und das daraufliegende Granola auf einem Gitter erkalten lassen.

DAS PAUSENBROT-TRAUMA

So richtig viele Erinnerungen an die Schulzeit haben wir ja nicht mehr, aber die besonders traumatischen bleiben meist doch hängen. Eine davon: Pausenbrote. Vielleicht hattet ihr ja Glück und habt zu denjenigen gehört, die jeden Tag ein richtig kreatives Sandwich mit Salat, Mayo und Co. in ihrer Brotdose hatten. Der Großteil von uns hat aber bestimmt das eine oder andere eher gruselige Pausenbrot-Trauma auf dem Schulhof hinter sich.

Die Rezepte aus diesem Kapitel sind nicht wirklich zum Mitnehmen gedacht, dafür sind sie viel zu dick belegt. Sie kommen aber sehr gelegen, wenn ihr euch an einem Sonntagmorgen mal so richtig was gönnen möchtet. Belegte Brote sind der Inbegriff der Frühstücksanarchie, weil sie so wandelbar sind: Ob Brot, Stulle, Bagel oder Brötchen – alles ist möglich! Ihr könnt es entweder schlicht halten oder so richtig ausflippen und aufs Brot packen, was euch in den Sinn kommt. Wie wär's zum Beispiel mal mit Chili con Carne und Tortilla-Chips auf der Stulle?

Wir legen euch übrigens wärmstens ans Herz, euer Brot selbst zu backen. Unsere Lieblingsrezepte für Brote, Brötchen und Bagel findet ihr im ersten Kapitel dieses Buches. Ihr werdet den Unterschied schmecken! Wenn ihr es weniger aufwendig möchtet, könnt ihr euer Brot aber auch bei eurem Lieblingsbäcker holen. Solange der gutes Brot macht, ist alles in Ordnung.

Übrigens: Auch an die Vegetarier haben wir gedacht und bei vielen Rezepten eine fleischlose Alternative angegeben. Gern geschehen!

Bagel Andaluz

Diese Bagel-Adaption der Gazpacho ist jeden einzelnen Bissen wert. Der spanische Suppenklassiker macht sich hervorragend als frisches, sommerliches Frühstück. Für eine ordentliche Portion „la vida loca“ auf dem Frühstücksteller!

—

Für den Gurkensalat

1 Salatgurke
7 g Salz und 20 g Zucker
frisch gemahlener schwarzer Pfeffer
10 g frische Minze

—

Für die Schmorpaprika

3 rote Spitzpaprika
150 ml Olivenöl
1 Prise Salz
½ Chilischote
1 Knoblauchzehe

—

Außerdem

6 bunte Tomaten
6 Tomaten-Paprika-Bagel
(Rezept siehe Seite 25)
125 g saure Sahne
20 g frisches Basilikum

—

Für 6 Personen

- Die Salatgurke waschen und auf einer Reibe in grobe Streifen reiben. Die Streifen in eine Schüssel geben, salzen, zuckern und 20 Minuten ziehen lassen. Danach den Saft kräftig ausdrücken und auffangen. Die ausgedrückten Gurkenstreifen mit frisch gemahlenem schwarzem Pfeffer und fein geschnittener Minze vermengen.

- Bei der Schmorpaprika gibt es mehrere Optionen, wie ihr die Haut richtig schön schwarz bekommt. Am einfachsten geht das im vorgeheizten Ofen mit Oberhitze oder, besser noch, auf der Grillstufe. Gebt die ganzen Paprikaschoten auf ein Blech, ölt sie ein und schiebt sie weit nach oben in den Ofen. Jetzt immer schön wenden, bis sie gleichmäßig geröstet sind. Ihr könnt die Paprika auch mit etwas Öl direkt auf den Grill werfen und sie ringsum schwarz anrösten. Option drei ist für echte Handwerker: Fasst euch ein Herz und den Bunsenbrenner und flämmt die eingeölten Paprika mit richtig viel Power, bis sie gleichmäßig schwarz sind. Bei dieser Variante müssen die Paprikaschoten danach noch mal 15 Minuten bei 180 °C (Umluft) in den Ofen.

- Egal, für welche Variante ihr euch entschieden habt: Wenn die Haut erst mal verbrannt ist, lasst ihr die Paprika noch mal 15 Minuten unter Folie abgedeckt liegen. Danach löst sich die Haut wie von selbst und ihr könnt sie einfach abziehen. Die gehäutete Paprika schneidet ihr dann der Länge nach auf, entkernt sie und gebt sie mit etwas Salz in ein verschließbares Gefäß. Die halbe Chilischote entkernen und die Knoblauchzehe häuten, beides fein schneiden und dazugeben, mit Öl übergießen und mindestens 1 Stunde, noch besser über Nacht, ziehen lassen. Dann habt ihr einen entspannten Morgen und eure Paprika sind gut durchgezogen.

- Sollten die Bagel nicht ganz frisch gebacken sein, packt sie noch mal 5 Minuten bei 180 °C (Umluft) in den Ofen. Halbiert die Bagel und verteilt den Gurkensalat, ein paar Scheiben der bunten Tomaten und die Schmorpaprika darauf. Am Ende gebt ihr pro Bagel einen guten Löffel saure Sahne und etwas frisches Basilikum darüber. Jetzt noch die Deckel drauf und fertig ist die fleischlose Sünde, die nicht nur Gemüsefans glücklich machen wird!

- **Tipp:** Ihr müsst das entstandene Gurkenwasser nicht wegkippen. Nach einer durchzechten Nacht dient es, mit zwei Scheiben Ingwer und Sprudelwasser aufgefüllt, als Detox-Getränk für den schmalen Geldbeutel.

BRITISH DELIGHT

Kulinarisch ist diese Kreation ein wahres britisches Kronjuwel. Absolut kein Low-Carb-healthy-Lifestyle-Frühstück, aber definitiv einen Hofknicks wert!

—

Für die Baked Beans

½ Chilischote
80 g Zwiebelwürfel
etwas Pflanzenöl
500 g passierte Tomaten
8 g Salz, 15 g Zucker
20 g Tafelessig
50 g Worcestersauce
1 Prise Cayennepfeffer
500 g weiße Bohnen aus der Dose (abgetropft)

—

Für die eingelegten Pilze

200 g kleine weiße Champignons
150 g Tafelessig
350 ml Wasser
10 g Salz, 20 g Zucker
1 Lorbeerblatt

—

Für das soufflierte Ei

9 Eier
je 1 Prise Salz und Pfeffer

—

Außerdem

12 kleine Bratwürste (Rezept siehe Seite 31)
1 Bund Frühlingszwiebeln
20 g frische Petersilie
3 English Muffins
50 g Salzbutter
110 g Kartoffelchips Salt 'n' Vinegar

—

Für 6 Personen

- Die Chili klein schneiden und mit den Zwiebelwürfeln in etwas Öl glasig anschwitzen, dann alle weiteren Zutaten bis auf die Bohnen zugeben und aufkochen. Das Ganze nun circa 1 Stunde köcheln lassen, bis es recht dick eingekocht ist. Die abgetropften Bohnen zugeben und noch mal kurz aufkochen.

- Die Champignons vierteln und roh in ein Weckglas geben. Alle weiteren Zutaten aufkochen und die Pilze damit heiß überbrühen. Deckel drauf und mindestens 24 Stunden ziehen lassen. Ihr solltet die Pilze etwas im Voraus zubereiten, da eingelegte Gemüse immer ein paar Tage brauchen, bis sie wirklich gut durchgezogen sind. Solltet ihr keine Lust aufs Pilze-Einlegen haben, könnt ihr auch andere fertig eingelegte Gemüse kaufen und verwenden.

- Den Backofen auf 180 °C (Umluft) vorheizen. Dann kommen die Eier dran, das Grundprinzip ist easy: Alle Eier in eine Schüssel schlagen, mit Salz und Pfeffer würzen und mit einer Gabel grob verquirlen. Daraus macht ihr jetzt eine Art souffliertes Rührei. Wir fetten dafür Metallringe, stellen sie in eine ofenfeste Pfanne (wichtig!) und erhitzen diese bei halber Hitze auf dem Herd. Solltet ihr keine Ringe zu Hause haben, könnt ihr die Masse auch einfach im Ganzen in die heiße und gefettete Pfanne geben. Die Masse nun auf die Ringe verteilen und für 2 Minuten garen lassen. Die Pfanne dann in den vorgeheizten Ofen stellen und 15 Minuten backen.

- Die Würste ringsherum anbraten, fast durchgaren und der Länge nach halbieren. Die Frühlingszwiebeln in feine Ringe schneiden, die Petersilie grob schneiden und beides miteinander vermischen.

- Zu guter Letzt die Muffins halbieren und toasten, mit kalter Salzbutter bestreichen und die Würstchenhälften drauflegen. Reichlich Baked Beans obendrauf löffeln, die Eier und ein paar Pilze dazu und schließlich grob gebrochene Chips darüberstreuen. Jetzt noch das Grünzeug drauf, und fertig ist der Lack. Enjoy!

Vegetarische Variante:
Statt der Würstchen könnt ihr auch Champignons, etwas Knollensellerie und Karotten grob schneiden, scharf in einer Pfanne anbraten und mit etwas Worcestersauce ablöschen. Eine ganz adäquate Alternative zu den Würstchen!

Vegetarische Variante: Als fleischfreie Variante könnt ihr auch einfach eine dicke Scheibe Fenchel pro Person in der Pfanne anbraten, mit etwas Pernod ablöschen, würzen und in der Pfanne bissfest köcheln.

Fenchelsemmel

Schon mal auf die Idee gekommen, Fenchel auf ein Brötchen zu packen? Nicht? Dann solltet ihr das hier unbedingt ausprobieren. Deftig, aber trotzdem gut verdaulich ist das, was ihr hier an herzhaften Köstlichkeiten zwischen den Brötchenhälften habt!

—

Für die Sauce Rouille
150 g mehligkochende Kartoffeln
2 rote Paprikaschoten
40 g Schalotten
1 Knoblauchzehe
etwas Öl zum Garen des Gemüses
1 Eigelb
30 g Tafelessig
15 g Salz
5 g Zucker
250 ml Olivenöl

—

Für den Fenchel
3 Fenchelknollen
30 g Tafelessig
7 g Salz
4 g Zucker

—

Außerdem
6 Fenchelbratwürste
(Rezept siehe Seite 31)
6 Eier
6 Dinkelbrötchen
(Rezept siehe Seite 26)

—

Außerdem
2 Fäden Safran

—

Für 6 Personen

- Für die Sauce Rouille die Kartoffeln schälen und würfeln. Die Paprikaschoten entkernen, grob schneiden, die Schalotten schälen und halbieren. Alles zusammen mit der Knoblauchzehe auf ein doppelt gefaltetes Stück Alufolie legen, etwas Öl daraufgeben und zu einem gut verschlossenen Päckchen falten. Hier sind keine besonderen Origamikünste gefragt, Hauptsache, es ist fest verschlossen. Nun bei 200 °C (Umluft) 30 Minuten garen. Das Paket aus dem Ofen nehmen, auffalten und etwas abkühlen lassen. Das lauwarme Gemüse nun mit allen weiteren Zutaten außer dem Öl in einen Standmixer geben und glatt mixen. Das Öl jetzt nach und nach hineinlaufen lassen, bis sich am Ende eine mayonnaiseartige Sauce gebildet hat.

- Den Fenchel vierteln, das grüne Kraut zur Seite legen und den Strunk keilförmig herausschneiden. Nun mit einem feinen Gemüsehobel in dünne Streifen schneiden. Hier empfehlen wir höchste Vorsicht, angehobelte Finger bluten ewig! Den Fenchel in einer Schüssel mit Essig, Salz und Zucker einmal mit den Händen kräftig durchkneten.

- Die Würste und die Eier bratet ihr einfach nach euren Vorlieben. Gut durch oder leicht roh, sunny side up or down – ihr entscheidet.

- Die Brötchen legt ihr am besten 10 Minuten bei 180 °C (Umluft) kurz in den Ofen. Halbiert sie anschließend und verteilt etwas von der Sauce Rouille darauf. Einen reichlichen Esslöffel Fenchelsalat und die halbierten Würstchen darauf platzieren. Nun noch mal etwas von der leckeren Sauce, denn ihr wisst ja: Es kann nie genug Sauce im Spiel sein. Darauf jetzt euer Ei, ein bisschen von dem Fenchelgrün und zum Schluss natürlich der Semmeldeckel.

- Viel leckerer geht's kaum. Ihr könntet noch 2 Fäden Safran in die Sauce Rouille geben, dann wäre sie klassisch. Uns ist das aber zu nobel, wir wollen einfach nur gut frühstücken und Spaß haben.

FIESE FRIESENSTULLE

Das perfekte Schietwetterbrot! Diese Stulle bringt euch die Nordsee auf den Frühstückstisch, ganz egal, wo ihr gerade seid. Also: Nicht lang sabbeln, Friesennerz angezogen und los geht's – ab ins imaginäre Watt!

Für den Krabbensalat
1 kleine Salatgurke
500 g Büsumer Krabben
40 g Apfelessig
20 g frischer Dill
Salz
Zucker

Für den Algensalat
500 g Wakame-Algensalat
100 g Queller
1 Zitrone

Für die Meerrettichcreme
250 g saure Sahne
100 g Tafelmeerrettich
Salz
frisch gemahlener schwarzer Pfeffer

Außerdem
6 Scheiben Sauerteigbrot
(Rezept siehe Seite 12)
50 g Krabbenchips

Für 6 Personen

- Die Gurke in ganz kleine Würfel schneiden. Mit den Krabben vermengen, Essig und Dill – fein geschnitten – zugeben und dann ganz nach eurem Belieben mit Salz und Zucker abschmecken.

- Den Algensalat und den Queller grob schneiden und mit einem guten Spritzer Zitronensaft vermengen.

- Die saure Sahne mit dem Tafelmeerrettich verrühren und auch hier wieder nach Belieben mit Salz und frisch gemahlenem schwarzen Pfeffer würzen. Achtung: Die Menge Meerrettich ist schon eine ordentliche Dosis. Solltet ihr es eher etwas milder mögen, reduziert ihr sie am besten.

- Für dieses Rezept brauchen wir warmes Brot, am besten gerade frisch gebacken. Ist euer Brot schon abgekühlt oder nicht mehr ganz so frisch, würden wir die Brotscheiben an eurer Stelle toasten. Darauf kommt erst mal der Algensalat. Nun die angemachten Krabben auf alle Brote aufteilen und einen großzügigen Klecks Meerrettichcreme draufgeben. Die Krabbenchips grob brechen und drüberstreuen.

- Dieses Brot ist zwar schwer mit den Fingern zu essen, stillt aber einfach mal das Verlangen nach Wattenmeer und Nordseeinsel. 'N Guten!

- **Tipp:** Ihr könnt die Krabbenchips natürlich auch ganz frisch machen oder sie selbst frittieren. Das Ausgangsprodukt dazu findet ihr im Asialaden. Um euch den Aufwand am Morgen so gering wie möglich zu halten, empfehlen wir, die Krabbenchips lieber fertig zu kaufen.

- **Tipp:** Wakame-Algensalat und Queller bekommt ihr beim Fischhändler eures Vertrauens.

FIESTA-STULLE

—

Für das Chili con Carne

500 g Hackfleisch (gemischt)
etwas Pflanzenöl
100 g Zwiebelwürfel
1 rote Chilischote
1 Knoblauchzehe
1 Lorbeerblatt
20 g Salz
300 ml Tomatensaft
500 g stückige Tomaten aus der Dose
100 ml starker Kaffee
20 g brauner Zucker
40 ml Zitronensaft
1 Prise Cayennepfeffer
2 g Koriandersaat
250 g Kidneybohnen (abgetropft)
300 g Dosenmais (abgetropft)

—

Für die Guacamole

2 essreife Avocados
Saft von 1 Limette
Salz
Zucker
1 rote Chilischote
10 g frische Minze
10 g frischer Koriander

—

Außerdem

6 Scheiben Avocado-Brot (Rezept siehe Seite 18)
250 g Schmand
1 Glas Jalapeños
1 Tüte Nachos oder Tortilla-Chips
150 g mittelalter Gouda (gerieben)
frische Minze
frischer Koriander

—

Für 6 Personen

- Das Hackfleisch in etwas Öl scharf und braun anbraten. Hier müsst ihr ständig rühren, damit es gleichmäßig bräunt und nicht ansetzt. Nun die Zwiebeln schälen und in Würfel schneiden, die Chilischote sowie den Knoblauch fein schneiden und alles zum Hackfleisch geben. Alles mit anschwitzen, das Lorbeerblatt dazugeben und mit 10 Gramm Salz würzen. Tomatensaft und -stücke zugeben und alles etwa 2 Stunden köcheln lassen. Gebt dem Chili con Carne ordentlich Zeit, es wird es euch mit dem besten Geschmack danken. Ab und an dürft ihr umrühren. Danach alle übrigen Zutaten und die restlichen 10 Gramm Salz beigeben und weitere 10 Minuten ohne Deckel kochen. Probieren und bei Bedarf nachwürzen. Das Ganze nun auf Raumtemperatur abkühlen lassen.

- Für die Guacamole die Avocados halbieren, vom Kern befreien (Vorsicht hier mit dem Messer – die „Avocadohand" ist kein urbaner Mythos, sondern ein medizinischer Notfall für den Chirurgen!), das Fruchtfleisch aus der Schale lösen und grob mit der Gabel zerdrücken. Mit dem Limettensaft, etwas Salz und Zucker abschmecken. Zu guter Letzt die fein geschnittene Chili, die grob geschnittene frische Minze und den Koriander unterrühren.

- Die Brotscheiben in der Pfanne oder im Toaster goldbraun rösten und auf die vorgesehenen Teller legen. Eine nicht zu knappe Menge Chili con Carne auf die Brote verteilen. Hier gilt: Mehr ist mehr! Je 1 Esslöffel Guacamole und Schmand daraufgeben, mit ein paar Scheiben Jalapeños und einer Handvoll grob gebrochener Nachos bestreuen, den Käse darübergeben und am Ende noch mit einigen Minze- und Korianderblättern dekorieren.

- Viel Glück beim kleckerfreien Essen!

- **Tipp:** Das Chili könnt ihr super am Tag vorher kochen, um euch den Morgen stressfrei zu halten.

Vegetarische Variante: Anstatt Hackfleisch könnt ihr 200 Gramm Bulgur verwenden. Dabei sollten alle Zutaten erst mal ohne den Bulgur angebraten werden, dann kommen die Tomaten dazu. Den trockenen Bulgur nur so lange mitkochen, bis er weich ist.

NORDIC BAGEL

Was wäre ein gutes Frühstück ohne Lachs? Die Allzweckwaffe unter den ambitionierten Brotbelägen macht so ziemlich jeden happy. Einfach nur zum Anbeißen!

—

Für die Gurkenscheiben

1 kleine Salatgurke
150 g Tafelessig
350 ml Wasser
20 g Salz, 30 g Zucker
1 Knoblauchzehe
10 g frischer Dill

—

Für den Lachs und die Beize

500–750 g Lachs mit Haut, entgrätet
150 g Salz, 150 g Zucker
20 g frischer Dill
20 g frische Petersilie
5 g Senfsaat
Abrieb von 1 Orange
Abrieb von 1 Zitrone
5 ganze Sternanis
2 Lorbeerblätter
2 g Wacholderbeeren

—

Für die Honig-Senf-Sauce

50 g Skyr
150 g mittelscharfer Senf
40 g Honig
5 g Dill

—

Außerdem

6 Noribagel (Rezept siehe Seite 25)
3 Romanasalatherzen
10 g Dill

—

Für 6 Personen

- Die Gurke waschen, auf einem Gemüsehobel in dünne Scheiben schneiden und in ein Weckglas geben. Alle weiteren Zutaten aufkochen und die Gurke damit überbrühen. Deckel drauf und mindestens 24 Stunden ziehen lassen. Ihr solltet die eingelegten Gurken etwas im Voraus zubereiten, da sie immer ein paar Tage brauchen, bis sie wirklich gut durchgezogen sind.

- Für die Beize alle Zutaten bis auf den Lachs in einem Standmixer zu einer Art Paste verarbeiten. Den Boden einer Frischhaltedose mit der Hälfte der Paste bestreichen, das Fischfilet drauflegen und mit der restlichen Paste abdecken. Verschließen und den Lachs nun 24 Stunden im Kühlschrank beizen lassen. Am nächsten Tag aus der Beize nehmen, abwaschen und abtrocknen. Das Filet in dünne Scheiben schneiden und fürs Belegen bereitstellen.

- Den Skyr, Senf und Honig mit fein geschnittenem Dill verrühren.

- Sollten die Bagel nicht ganz frisch gebacken sein, packt sie noch mal 5 Minuten bei 180 °C Umluft in den Ofen. Halbiert sie und verteilt etwas von der Honig-Senf-Sauce darauf. Mit ein paar Salatblättern belegen, dann einige Scheiben Lachs und eine gute Menge Gurkenscheiben darauf platzieren. Als Finish noch mal einen großzügigen Löffel Sauce und ein paar Dillspitzen daraufgeben und die obere Bagel-Hälfte als Deckel daraufsetzen. Jetzt noch ein Gläschen Sekt oder ein Kölsch in die Hand ... Kann ein Tag besser starten?

- **Tipp:** Den Lachs solltet ihr ganz frisch und am besten auf dem Markt beim Fischhändler kaufen. Für die angegebene Menge Lachsfilet bestellt ihr eine „halbe Seite" Lachs mit Haut, das sind ungefähr 500 bis 750 Gramm.

EIER, WIR BRAUCHEN EIER!

Eier – eines der mühseligsten Kapitel der klassischen Kochausbildung. Hier ist jeder Jungkoch heilfroh, wenn er die korrekte Zubereitung von Spiegelei, Ei im Glas, Rührei, Soufflé, Omelett und pochiertem Ei ganz am Anfang der Ausbildung hinter sich gebracht hat. Zumindest wir waren es. Dass man mit Eiern aber auch andere, ziemlich leckere Dinge abseits des Mainstreams anstellen kann, wenn man sich denn etwas Mühe gibt, möchten wir euch in diesem Kapitel zeigen.

Lasst euch von unseren Lieblingsrezepten auch mal zu eigenen Kreationen hinreißen – denn Eier sind der beste Resteverwerter überhaupt. Man hat sie so gut wie immer griffbereit zu Hause im Kühlschrank und kann sie mit allerhand Zutaten kombinieren, weil sie ein sehr guter Geschmacksträger sind. Außerdem sind sie einfach zuzubereiten und trotzdem, sofern man etwas Kreativität walten lässt, zu manch geschmacklicher Überraschung imstande. Wenn das mal keine Win-win-Situation ist!

Bauernkörbchen

Jeder kennt und liebt griechischen Bauernsalat. Jetzt passt er auch zum Frühstück – und zwar mit perfekt gebackenem Ei in einem luftigen Blätterteigkörbchen. Das klingt genauso gut, wie es schmeckt!

Für den Bauernsalat

200 g Gurke
200 g Paprikaschote
170 g Tomate
100 g Feta
50 g grüne griechische Oliven
10 ml Olivenöl
20 g heller Balsamicoessig
Salz
Zucker
Pfeffer
10 g frischer Oregano

Für die Blätterteigkörbchen

2 Päckchen Blätterteig aus dem Kühlregal
2 Eigelb
100 ml Milch
2 g Maldon-Salz bzw. Fleur de Sel
6 Eier

Für den Wildkräutersalat

250 g junger Mangold- oder Wildkräutersalat
30 g frischer Oregano
Salz
Pfeffer
10 ml Olivenöl
10 g heller Balsamicoessig

Für 6 Personen

- Gurke, Paprika (entkernt), Tomate, Feta und die Oliven in kleine Würfel schneiden. Mit Olivenöl, Essig, Salz, Zucker und Pfeffer nach Geschmack marinieren und mit dem frisch geschnittenen Oregano würzen.

- Den Backofen auf 200 °C (Umluft) vorheizen. Jetzt geht es an den Blätterteig für die Körbchen. Breitet eine Lage Teig mit der langen Seite nach unten vor euch aus und teilt sie vertikal in 3 gleich große Stücke. Diese Stücke drittelt ihr nochmals horizontal, sodass ihr 9 Rechtecke habt. Das Ganze mit der zweiten Lage Teig wiederholen. Somit solltet ihr nun 18 etwa gleich große Stücke haben. Aus 12 von den Teigstücken stecht ihr mit einem Plätzchenausstecher mittig runde Löcher aus.

- Die beiden Eigelb mit der Milch verrühren und alle Teigstücke damit bestreichen. Legt nun je zwei ausgestochene Teigstücke auf ein unausgestochenes, ähnlich wie bei einer klassischen Königin-Pastete.

- Bestreut jetzt die oberste Schicht eurer Körbchen mit dem Maldon-Salz und legt die Körbchen auf ein mit Backpapier ausgelegtes Backblech. Befüllt jedes mit dem Bauernsalat und schlagt jeweils ein Ei hinein. Nun backt ihr alles im vorgeheizten Ofen in 15–20 Minuten, bis die Körbchen goldbraun sind.

- Kurz bevor die Bauernkörbchen aus dem Ofen müssen, bereitet ihr den Wildkräutersalat vor. Dazu die Blätter waschen, trocken schleudern und mit den übrigen Zutaten marinieren.

- Pro Person ein Blätterteigkörbchen auf einen Teller geben, etwas Salat daneben anrichten und servieren.

FRIESENEI

Mit diesem Frühstück macht ihr nicht nur Nordlichter glücklich. Unser Friesenei ist superlecker, relativ simpel und trotzdem eindrucksvoll – und das Beste daran: Es wird in einer Schüssel serviert und kann einfach weggelöffelt werden.

Für die Onsen-Eier

12 Eier

Für den Krabbensalat

1 Salatgurke
Salz
1 Prise Zucker
300 g Büsumer Krabben
100 ml Schwedenmilch
frisch gemahlener schwarzer Pfeffer
20 g frischer Dill

Für den Pumpernickel-Crunch

50 g Butter
250 g Pumpernickel

Außerdem

12 Blatt Endiviensalat
20 g frischer Dill
einige junge Blätter vom Staudensellerie

Für 6 Personen

- Das Herzstück dieses Rezepts sind Onsen-Eier, die ursprünglich in den heißen Quellen Japans, den Onsen, gegart wurden. Hierfür benötigt ihr ein temperiertes Wasserbad oder einen Dampfgarer, worin ihr die ganzen Eier für 1 Stunde bei 65 °C gart. Hierbei stockt das Eiweiß langsam und das Eigelb ist dann perfekt wachsweich. Wenn ihr es euch etwas einfacher machen möchtet, könnt ihr alternativ pochierte Eier zubereiten. Die Anleitung dafür findet ihr im Kapitel über Egg Benedict auf Seite 76.

- Während eure Eier garen, bleibt jede Menge Zeit für alles Weitere. Fangt mit dem Krabbensalat an und schneidet dafür zuerst die Salatgurke in kleine Würfel. Alternativ könnt ihr sie auch auf der Vierkantreibe grob raspeln. Salzt die Gurke dann mit 5 Gramm Salz und 1 Prise Zucker, rührt gut um und lasst sie in einem Sieb 30 Minuten entwässern.

- Gebt die Krabben in eine Schüssel, drückt die Gurke gut aus und gebt sie zu den Krabben. Schwedenmilch angießen, mit Salz und frisch gemahlenem Pfeffer würzen. Hackt die 20 Gramm Dill, gebt sie dazu und rührt gut um.

- Zerlasst die Butter in einer Pfanne, bröselt de Pumpernickel hinein und röstet alles unter Rühren kross an.

- Endiviensalat zupfen, gründlich waschen und trocken schleudern.

- Nun bereitet ihr 6 Schüsseln vor und gebt jeweils 1 Handvoll Endiviensalat hinein. Jetzt geht ihr zum anspruchsvollsten Teil der Übung über: Die noch warmen Eier mittig anschlagen und ganz vorsichtig in die Schüsseln geben – sie sollten mehr oder weniger im Ganzen aus der Schale herauskommen. Sobald in jeder Schüssel 2 Eier sind, verteilt ihr den Krabbensalat und danach den Pumpernickel-Crunch darüber. Jetzt noch ein paar Dillspitzen und zarte Sellerieblätter darüberstreuen, und das Löffeln kann losgehen!

- **Tipp:** Schwedenmilch ist eine Art säuerliche Dickmilch und in der Kühlabteilung im gut sortierten Bio-Supermarkt erhältlich. Als Alternative könnt ihr auch normale Dickmilch verwenden.

OMELETTE DE LUXE

Ursprünglich als Resteessen entstanden, kann man in ein Bauernfrühstück so gut wie alles hineinwerfen, was man im Kühlschrank findet. Unsere Lieblingsversion machen wir mit Topinambur und Sucuk. Klingt seltsam? Wir sagen: Ausprobieren und de luxe in den Tag starten!

Für das Omelett

300 g Topinambur
etwas Öl
1 große rote Zwiebel
100 g Sucuk in Scheiben
25 g Essig
Salz
12 Eier
20 g eingelegte Mini-Peperoni
20 g frische Petersilie
1 Prise Cayennepfeffer

Für den Radicchio-Salat

1 Kopf Radicchio
20 g heller Balsamicoessig
10 ml Olivenöl
1 Prise Salz
1 Prise Zucker

Für 6 Personen

- Wascht die Topinamburknollen, schneidet sie in Scheiben und bratet sie in einer Pfanne mit etwas Öl hellbraun an. Die Zwiebel in Streifen schneiden. Mit der Sucuk zum Topinambur geben und mitbraten.

- Sobald alles gleichmäßig angebräunt ist, mit dem Essig ablöschen und mit etwas Salz würzen.

- Den Backofen auf 190 °C (Umluft) vorheizen.

- Die Eier schlagt ihr in eine Schüssel. Die Peperoni klein schneiden, die Petersilie grob schneiden und beides zusammen mit 10 Gramm Salz und dem Cayennepfeffer zu den Eiern geben. Alles miteinander verquirlen.

- Gießt die Eiermasse nun zu Topinambur und Co. in die Pfanne, rührt alles einmal um und schiebt die Pfanne in den vorgeheizten Ofen. Das Ganze nun etwa 10–15 Minuten backen, bis die Eimasse komplett gestockt ist.

- In der Zwischenzeit putzt, wascht und zupft ihr den Radicchio grob. Trocken schleudern oder tupfen und in einer Schüssel mit den restlichen Zutaten marinieren.

- Nehmt die Pfanne nun aus dem Ofen (eigentlich muss man es nicht dazu sagen, aber: Achtung, der Griff ist richtig heiß!) und stürzt das Omelett auf ein Brett. Das ganze Teil in 6 bis 12 Kuchenstücke schneiden, den Salat in der Mitte des Omeletts anrichten und servieren, solange es noch heiß ist.

- **Tipp:** Vegetarisch wird dieses leckere Frühstück ganz einfach, in dem ihr die Sucuk weglasst.

Schäfers Soufflé

Dieses eher unscheinbar anmutende Seelenfutter ist eine Verbindung aus bodenständiger Shepherd's Pie und anspruchsvollem Soufflé. Diese Köstlichkeit ist mit etwas Aufwand verbunden, der die Mühe aber absolut lohnt!

—

Für die Hackfleischsauce

100 g Knollensellerie
100 g Karotten
100 g Kartoffeln
2 Schalotten
etwas Öl
400 g Rinderhackfleisch
10 g Salz
500 ml Hefeweizen
frisch gemahlener schwarzer Pfeffer

—

Für das Soufflé

250 g Quark
4 Eigelb
1 Prise Zwiebelpulver
1 Prise Paprikapulver edelsüß
1 Prise Cayennepfeffer
5 g Salz
30 g Speisestärke
20 g Weizenmehl Type 405
200 g Eiweiß
15 g Zucker

—

Außerdem

150 g Butter

—

Für 6 Personen

- Für die Hackfleischsauce schneidet ihr Sellerie, Karotten, Kartoffeln und Schalotten in kleine Würfel. Etwas Öl in einem Topf heiß werden lassen und zuerst das Hack darin scharf anbraten.

- Das Gemüse zugeben und alles so lange braten, bis es eine schöne braune Farbe hat. Nun mit Salz würzen, gut rühren und mit dem Bier ablöschen. Das Ganze nun für etwa eine Viertelstunde bei mittlerer Hitze köcheln lassen, bis eine halbwegs angedickte Hackfleischsauce entstanden ist. Nun noch mit etwas frisch gemahlenem Pfeffer abschmecken. Die Sauce zur Seite stellen, nicht gleich alles wegfuttern und etwas abkühlen lassen.

- Jetzt bereitet ihr die Gläser beziehungsweise Förmchen für euer Soufflé vor. Am besten ist es, wenn eure Förmchen kühlschrankkalt sind. Sie müssen jetzt innen ordentlich mit weicher Butter bepinselt werden, damit das Soufflé auch schön aufgeht. Stellt sie wieder kalt, bis die Soufflémasse fertig ist.

- Den Quark lasst ihr in einem Küchentuch über Nacht abtropfen. Mit einem Handrührgerät verquirlt ihr die Eigelbe jetzt mit dem Quark, dem Zwiebelpulver, dem Paprikapulver, dem Cayennepfeffer und dem Salz. Siebt die Stärke und das Mehl dazu und rührt es ordentlich ein.

- Schlagt das Eiweiß mit dem Handrührgerät an. Gebt unter Rühren den Zucker nach und nach hinzu, bis ihr einen steifen Eischnee habt. In zwei Schwüngen unter die Quarkmasse heben.

- Den Ofen auf 180 °C vorheizen. Die Hackfleischsauce verteilt ihr gleichmäßig auf eure Formen. Gebt etwas von der Ei-Quark-Masse darauf, klopft sie ein und streicht die Masse mit einer Teigkarte oder Ähnlichem bündig ab.

- Nehmt jetzt ein etwas tieferes Backblech und befüllt es etwa 2 Zentimeter hoch mit heißem Wasser. Nun setzt ihr die Souffléförmchen mit gutem Abstand voneinander hinein. Schiebt das Blech in den Ofen und backt die Soufflés etwa 15–20 Minuten.

- Sobald es aus dem Ofen kommt, sollte euer Schäfers Soufflé direkt gegessen werden. Ansonsten fällt es sehr schnell zusammen.

- **Tipp:** Damit die Förmchen im Wasserbad nicht hin und her rutschen, legt ihr einfach ein Blatt Küchenrolle hinein und stellt die Förmchen darauf.

BENEDICT, KÖNIG DER EIER

In diesem Kapitel geht es um Egg Benedict – das unserer Meinung nach wohl Leckerste, das man mit Eiern machen kann. Vor der Königsdisziplin eines jeden ambitionierten Frühstückskochs, dem perfekt pochierten Ei, schrecken viele von euch wahrscheinlich aber erst mal zurück. Schließlich dauert es eine halbe Ewigkeit, bis man die klassische Pochiertechnik einwandfrei beherrscht. Und auch die echte Sauce hollandaise, wie sie zu Egg Benedict serviert wird, erfordert einiges an Können. Eigentlich nicht so wirklich gute Voraussetzungen für ein Frühstück, könnte man meinen.

Aber wir wären schließlich nicht wir, wenn wir nicht ein paar Tricks und Kniffe parat hätten, mit denen ihr das System etwas austricksen könnt. Ob das nun unsere ganz eigene Art zu Pochieren ist oder die fast idiotensichere Alternative zu Sauce hollandaise – wir machen es uns gern leicht und plaudern hier aus unserem Koch-Nähkästchen, damit auch ihr bestens gerüstet seid, um bei euren Frühstücksgästen richtig Eindruck zu machen.

POCHIERTE EIER

Die Paradedisziplin unter den Eierspeisen – und mit unserer Methode doch eigentlich ganz easy gemacht. Dieses Grundrezept benötigt ihr für alle folgenden Rezepte in diesem Kapitel, also gut aufgepasst!

—

Zutaten

1,5 l Wasser
75 ml Essigessenz
20 g Salz
1 Lorbeerblatt
6 (am besten tagesfrische) Eier
Salz
frisch gemahlener schwarzer Pfeffer

—

Für 6 pochierte Eier

- Bringt das Wasser mit der Essigessenz, dem Salz und dem Lorbeerblatt in einem flachen, weiten Topf oder einer hohen Pfanne zum Kochen.

- Schlagt nun zuerst alle Eier einzeln in Tassen.

- Reduziert die Hitze so weit, bis das Wasser nur noch siedet. Lasst nun ein Ei nach dem anderen vorsichtig nah an der Wasseroberfläche hineingleiten. Das Eiweiß stockt jetzt um das Eigelb herum und bildet eine Art Hülle um den flüssigen Kern. Die Eier etwa 3 Minuten köcheln lassen.

- Nun jedes pochierte Ei einzeln vorsichtig mit einer Schaumkelle aus dem Wasser heben, die Kelle kurz auf einem Küchenkrepp absetzen, damit überschüssiges Wasser aufgesaugt wird, und mit etwas Salz und Pfeffer gewürzt weiterverwenden.

- Der Grund dafür, warum wir ein flaches Kochgerät wählen und das Wasser nicht, wie in der klassischen Literatur vorgegeben, verwirbeln, ist ein ganz einfacher: Das Pochieren der Eier bei unserer Variante funktioniert immer. Auch wenn das Ei nicht tagesfrisch und vielleicht schon eine Woche „alt" ist.

- **Tipp:** Optional könnt ihr die Eier auch am Vortag pochieren. Hierfür gebt ihr sie nach dem Pochieren in Eiswasser und lagert sie über Nacht im Kühlschrank. Sobald ihr sie braucht, erhitzt ihr sie vorsichtig in einem Topf mit heißem Salzwasser.

AAL BENEDICT

Der Aal ist hier zu Recht namensgebend, ist er doch für den kräftig-herzhaften Räuchergeschmack dieses Frühstücks zuständig. Eine Aromenbombe, die zwar sehr unkonventionell klingt, aber nicht verschmäht werden sollte!

—

Für die Aalbutter
Abschnitte des Räucheraals
500 g Butter
1 Lorbeerblatt

—

Für die Aal-Vinaigrette
2 Aalfilets (selbst filetiert)
2 Schalotten
200 g heller Balsamicoessig
250 g Olivenöl
5 g Salz
15 g Zucker
frisch gemahlener schwarzer Pfeffer

—

Für die Sauce
100 g Eigelb
75 g Essig
10 g Salz
15 g Zucker
1 Prise Cayennepfeffer
200 ml Wasser

—

Außerdem
1 Kopf Radicchio
6 Scheiben Sauerteigbrot (Rezept siehe Seite 12)
12 pochierte Eier (Rezept siehe Seite 76)
1 Bund Frühlingszwiebeln

—

Für 6 Personen

- Zuerst filetiert ihr den Räucheraal. Schneidet dazu mit einem großen, scharfen Messer senkrecht hinter dem Kopf bis zur Mittelgräte und dann waagerecht entlang der Mittelgräte bis zum Schwanz. Zieht nun die Haut und den Bauchlappen ab und kratzt mit dem Messerrücken grob den Tran ab. Am Ende solltet ihr zwei ganze, saubere Filets vor euch haben. Die Abschnitte hebt ihr auf.

- Den Kopf und die Gräte hackt ihr in grobe Stücke und gebt sie mit allen anderen Abschnitten (Haut, Bauchlappen und Tran) zusammen mit der Butter und dem Lorbeerblatt in einen Topf. Das lasst ihr nun für einige Minuten bei mittlerer Hitze klären, bis sich ein klares Butterfett bildet, das intensiv nach Räucheraal riecht und schmeckt. Dieses Fett passiert ihr nun vorsichtig durch ein Passiertuch oder ganz feines Sieb und stellt es erst mal zur Seite.

- Die oberen 10 Zentimeter der beiden Filets abnehmen und der Länge nach in dünne Streifen schneiden (später Garnitur).

- Für die Aal-Vinaigrette schneidet ihr den Rest der Filets in sehr kleine, circa 5 × 5 Millimeter große Würfel. Die Schalotten ebenfalls würfeln und mit Essig, Öl, Salz, Zucker und Pfeffer zu den Filetwürfeln geben. Gut umrühren und etwas ziehen lassen.

- Für eine unkomplizierte Version einer Sauce hollandaise gebt ihr das Eigelb zusammen mit dem Essig, Salz, Zucker, Cayennepfeffer und Wasser einfach in eine Küchenmaschine mit Rührbesen und schlagt alles gut schaumig. Unter weiterem Rühren jetzt etwa 300 Milliliter der geklärten und noch warmen Aalbutter in einem dünnen Strahl einfließen lassen, bis alles zu einer homogenen, cremigen Sauce emulgiert ist. Jetzt entweder in eine Siphonflasche geben und mit einer Kapsel laden oder die Sauce einfach so verwenden. Wir verwenden mit Vorliebe eine Siphonflasche, da die Sauce dann richtig schön luftig ist.

- Zum Anrichten zuerst den Radicchio waschen und abtrocknen. Toastet euer Brot und gebt ein paar Blätter des Radicchios darauf. Zwei pochierte Eier darauf platzieren und reichlich Aal-Vinaigrette darüberlöffeln. Nun die leckere Hollandaise darübergießen, Aalstreifen darauf drapieren, das ganze Werk mit zu kleinen Röllchen geschnittenen Frühlingszwiebeln bestreuen und servieren.

¡Ay Caramba! Mit dieser Version des Egg Benedict werdet ihr nicht nur euren spanischen Freunden den einen oder anderen Jubelruf entlocken. Hier feiern die Geschmacksknospen eine große Fiesta!

BENEDICT ESPAÑOLA

Für die Mojo rojo
2 rote Paprikaschoten
½ Knoblauchzehe
2 scharfe Chilischoten
2 Schalotten
150 g Kirschtomaten
300 g Olivenöl
200 g passierte Tomaten
20 g Zucker, 10 g Salz
frisch gemahlener schwarzer Pfeffer

Für die krosse Chorizo
24 Scheiben Chorizo-Aufschnitt
250 ml Pflanzenöl

Für die Pimientos
300 g Pimientos de Padrón
etwas Maldon-Salz

Für die Chorizo-Sauce
100 g Eigelb
50 g Wasser
8 g Salz
50 g Tafelessig
100 ml Tomatensaft
10 g Zucker
1 Prise Cayennepfeffer
Bratöl von den Pimientos und den Chorizoscheiben

Außerdem
6 Scheiben Sauerteigbrot
(Rezept siehe Seite 12)
etwas Romanasalat
24 Scheiben Chorizo
12 pochierte Eier
(Rezept siehe Seite 76)

Für 6 Personen

- Die Mojo rojo sollte schon am Vortag zubereitet werden. Dafür Paprika (entkernt), Knoblauch, Chilischoten, Schalotten und Kirschtomaten in kleinere Stücke schneiden. Das Olivenöl erhitzen und alles darin anbraten, bis es etwas Farbe bekommen hat.

- Nun mit den passierten Tomaten ablöschen und mit Zucker, Salz und Pfeffer würzen. 20 Minuten köcheln lassen und dann im Standmixer fein pürieren. Die Sauce nun etwas abkühlen lassen. Wenn ihr es nicht ganz so scharf mögt wie wir oder es gar noch schärfer haben möchtet, könnt ihr die Chilidosis einfach anpassen. Hier gilt die Regel „Alles kann, nichts muss".

- Am Tag des Geschehens setzt ihr dann die 24 Scheiben Chorizo mit dem Öl in einem großen, flachen Topf an. Mittlere Hitze ist mehr als ausreichend, da die Wurst nun ausgelassen und in dem Öl kross geröstet wird. Ist das Ganze zu heiß, verbrennt die Chorizo. Also unbedingt ein Auge darauf haben und ab und an rühren.

- Sobald das Öl schön rot ist und ihr krosse Chorizoscheiben habt, nehmt ihr die Wurstscheiben aus dem Fett, legt sie auf ein Küchenkrepp und packt sie am besten bei 50 °C in den Ofen, damit sie bis zum Servieren schön heiß und kross bleiben. ½–1 Stunde sollte reichen. Das Öl aufbewahren, das braucht ihr gleich noch.

- Nun die Pimientos darin recht dunkel anbraten. Mit etwas Maldon-Salz bestreuen und auf einem Küchenkrepp zwischenparken.

- Für die Sauce gebt ihr das Eigelb, das Wasser, das Salz, den Essig, den Tomatensaft, den Zucker und die Prise Cayennepfeffer in einen Standmixer. Alles gut mixen und nach und nach 200 Gramm des noch warmen, aber nicht zu heißen Chorizo-Bratöls einfließen lassen, bis eine homogene Masse entsteht. Ihr könnt die Sauce so verwenden oder sie in eine Siphonflasche füllen, mit einer Sahnekapsel laden und gut schütteln. Letzteres ist das Mittel unserer Wahl, denn darin wird die Sauce schön luftig und stabil.

- Das Brot toasten, mit dem Salat belegen, reichlich Mojo rojo darübergeben, je 4 Scheiben Chorizowurst und zwei pochierte Eier drauf platzieren. Nun ein paar Pimientos drüber – und natürlich reichlich Sauce. Als Finish noch die krossen Chorizoscheiben.

CÆSAR BENEDICT

Zugegeben, nicht immer kommt etwas Gutes dabei heraus, wenn man zwei allein schon richtig leckere Dinge miteinander kombiniert. Doch das hier ist eine royale Verschmelzung zweier Klassiker, die euch garantiert doppelt kaiserliche Glücksgefühle beschert.

—

Für die Hähnchenbrust
3 Hähnchenbrüste
etwas Pflanzenöl

—

Für die krosse Hühnerhaut
500 g Hühnerhaut
1 l Wasser

—

Für die Sauce
100 g Eigelb
75 g Parmesan
1 Knoblauchzehe
75 g Sardinen
80 g Zitronensaft
7 g Salz
20 g Zucker
1 Prise Cayennepfeffer
150 g Hühnerfett
100 g Joghurt mit 3,5 % Fett

—

Außerdem
1 Kopf Endiviensalat
6 Scheiben Sauerteigbrot
(Rezept siehe Seite 12)
12 pochierte Eier
(Rezept siehe Seite 76)
50 g Parmesan

—

Für 6 Personen

- Die Hähnchenbrüste von beiden Seiten scharf in etwas Öl anbraten und im Ofen bei 120 °C (Umluft) etwa 15 Minuten garen. Danach abkühlen lassen und in Scheiben schneiden.

- Die Hühnerhaut durch den Fleischwolf lassen oder fein schneiden und mit 1 Liter Wasser in einen Topf geben. Einmal aufkochen und dann bei mittlerer Hitze weiterkochen. Nach etwa 20 Minuten sollte alles Wasser verdampft sein und die Haut anfangen, im eigenen Fett zu frittieren. Regelmäßiges Rühren und Über-den-Boden-Kratzen ist jetzt unumgänglich. Das macht ihr ungefähr 20 Minuten lang, am Ende solltet ihr schöne krosse Hühnerhaut haben, die ihr absiebt und auf Küchenkrepp abtropfen lasst. Vom übrig gebliebenen Hühnerfett bewahrt ihr 150 Gramm auf, denn damit habt ihr gleich Großes vor.

- Für die Sauce das Eigelb, den Parmesan, den Knoblauch, die Sardinen und den Zitronensaft fein in einem Standmixer mixen. Nun die Gewürze dazugeben und das noch warme Hühnerfett nach und nach einmixen, bis eine homogene Masse entsteht. Zu guter Letzt den Joghurt unterrühren. Ihr könnt die Sauce nun entweder so benutzen oder ihr füllt sie in eine Siphonflasche, ladet sie mit einer Sahnekapsel und schüttelt gut. Dann ist sie deutlich luftiger und stabiler.

- Um eure Gäste vom Hocker zu hauen, müsst ihr nun nur noch den Salat waschen und schneiden, das Brot toasten, den geschnittenen Salat darauflegen, die Hähnchenbrust und die pochierten Eier drauf drapieren und mit reichlich Sauce garnieren. Als Highlight gebt ihr 1 Handvoll knusprige Hühnerhaut obendrauf und hobelt ein bisschen Parmesan mit der groben Reibe drüber. Veni, vidi, vici – mit diesem heroischen Frühstück ist euch jeder Sieg sicher.

SALAT BENEDICT

Jetzt wird's grün! Diese vegetarische Variante haut nicht nur Gemüsefans von den Socken, sondern überzeugt auch jeden Fleischesser restlos. Können wir bestätigen!

Für den Salatschaum

165 g Romanasalat
15 g Kapuzinerkresse
150 g Buttermilch
5 g Salz
10 g Zucker
20 g Zitronensaft
1 g Xanthan oder Johannisbrotkernmehl
1 Prise Cayennepfeffer

Für die Vinaigrette

20 g Dill
20 g Petersilie
1 Bund Frühlingszwiebel
200 ml heller Tafelessig
200 ml Olivenöl
10 g Salz
20 g Zucker

Außerdem

50 g Mandelhobel
250 g gemischter Blattsalat
6 English Muffins
12 pochierte Eier

Für 6 Personen

- Für den Salatschaum alle Zutaten einfach zusammen in einen Standmixer geben und fein mixen und durch ein feines Sieb passieren. In eine Siphonflasche geben, mit einer Kapsel laden und gut schütteln. Den Schaum lasst ihr bis zum Gebrauch geladen und gesichert bei Raumtemperatur stehen.

- Für die Vinaigrette die Kräuter fein und die Frühlingszwiebeln in dünne Scheiben schneiden. Die Hälfte der Frühlingszwiebel für später zur Seite stellen. Nun die Kräuter und die zweite Hälfte der Frühlingszwiebeln mit Essig, Öl, Salz und Zucker zu einer Vinaigrette verrühren.

- Die Mandelhobel auf einem Backblech im vorgeheizten Ofen bei 180 °C (Umluft) 8 Minuten rösten und abkühlen lassen.

- Den Salat mit der Vinaigrette vermischen und einige Minuten marinieren lassen.

- Die Muffins toasten und den marinierten Salat darauflegen. Die pochierten Eier obendrauf setzen, eine gute Ladung Salatschaum dazugeben und mit den gerösteten Mandeln und den Frühlingszwiebeln bestreuen. Viel besser kann ein vegetarisches Frühstück kaum sein!

ANDERE LÄNDER, ANDERES FRÜHSTÜCK

Ihr wisst ja: Wir lieben Frühstück – und ganz besonders, wenn es so zelebriert wird, wie es die wichtigste Mahlzeit des Tages auch verdient hat. Wir Mitteleuropäer sind da leider eher das Schlusslicht, wenn es um Frühstückskultur geht. In unserem Restaurant NeoBiota holen wir uns deshalb mit Vorliebe Inspiration aus anderen Ländern und interpretieren die Rezepte auf unsere ganz eigene Art und Weise neu. Heraus kommen dann zum Beispiel Kreationen, die von chinesischer Nudelsuppe auf bayerische Art über israelische Shakshuka mit Kürbis bis hin zum deftigen indischen Frühstück reichen und eine Vielzahl an eher unkonventionellen Geschmäckern mit sich bringen.

Die folgenden Gerichte erweitern euren kulinarischen Frühstückshorizont und sollen euch dazu ermuntern, auch mal etwas Neues zu entdecken. Springt über euren morgendlichen Schatten und probiert zum Frühstück auch mal Asiatisches, Orientalisches, Europäisches – ihr werdet euer blaues Geschmackswunder erleben!

JAN VON PUNJAB

Die Hauptrolle in diesem Frühstücks-Bollywood-Hit ist Paratha, ein in Teilen Indiens sehr beliebtes Fladenbrot. Hier trifft es auf den rheinischen Klassiker „Himmel und Ääd". Eine richtig leckere Allianz, die über Kulturkreise hinweg satt macht!

Für die Paratha
250 g Weizenmehl Type 1050
250 g Weizenmehl Type 405
5 g Salz, 175 ml Wasser
50 g Butterschmalz oder Ghee

Für die Zwiebeln
4 rote Zwiebeln
20 ml Pflanzenöl
10 g Zucker, 3 g Salz
frisch gemahlener schwarzer Pfeffer
50 g Himbeeressig
1 Bund Frühlingszwiebeln

Für das Apfelchutney
1 Schalotte
10 g Senfsaat
20 ml Pflanzenöl
3 Pink-Lady-Äpfel
1 g gerebelter Majoran
5 g Salz
50 g Apfelessig

Außerdem
200 g Butterschmalz oder Ghee
12 Scheiben Rheinische Blutwurst
etwas Mehl
1 Granny-Smith-Apfel
20 g frischer Kerbel

Für 6 Personen

- Für den Paratha-Teig Mehl und Salz in eine Schüssel geben, eine Kuhle in der Mitte formen, das warme Wasser und das flüssige Butterschmalz hineingießen. Nun knetet ihr einen relativ kompakten Teig, den ihr dann in Alufolie einschlagt und etwa 1 Stunde bei Raumtemperatur ruhen lasst.

- Nun habt ihr Zeit für die Vorbereitung der anderen Komponenten. Schält und halbiert die roten Zwiebeln und schneidet sie in Streifen. Gebt das Öl in die Pfanne und bratet die Zwiebelstreifen hellbraun an, gebt die Gewürze hinzu und löscht sie mit dem Essig ab. Die Frühlingszwiebeln in Ringe schneiden, zugeben und alles noch mal 2 Minuten köcheln lassen.

- Für das Apfelchutney schneidet ihr die Schalotte in feine Würfel und schwitzt diese farblos mit der Senfsaat in Öl an. Die Äpfel ungeschält in etwa 5 Millimeter große Würfel schneiden, zu den Schalottenwürfeln geben und umrühren. Nun mit Majoran und Salz würzen, mit Essig ablöschen und mit geschlossenem Deckel 5 Minuten bei mittlerer Hitze weiterköcheln lassen. Ab und an rühren.

- Teilt jetzt den Teig in 12 gleich große Stücke, formt sie zu jeweils einer Kugel und rollt diese auf einen Durchmesser von circa 15 Zentimetern rund aus. Erhitzt nun die Hälfte, also 100 Gramm, des Butterschmalzes in einer Pfanne und backt die Teigfladen einen nach dem anderen goldbraun aus. Wenn nötig, nach ein paar Fladen neues Schmalz hinzugeben. Die Parathas sollten beim Ausbacken kleine Blasen schlagen.

- Tropft die fertigen Parathas nach dem Backen auf einem Küchenkrepp ab.

- Die Blutwurst schneidet ihr in Scheiben. Mehliert sie und bratet sie im übrig gebliebenen Butterschmalz an.

- Jetzt geht es ans Zusammenbauen: Hierfür legt ihr je 1 Paratha auf die Teller, legt je 1 Blutwurstscheibe drauf, löffelt etwas Apfelchutney und Schmorzwiebeln darüber, ein paar Scheiben vom Granny Smith und ein paar Kerbelzweige darauf. Zum Schluss kommt ein zweites Paratha obendrauf.

KONFUZIUS-WEIßWURST

Die traditionelle chinesische Medizin empfiehlt Suppe zum Frühstück. Der Bayer schwört auf Weißwurst. Warum nicht beides? Das hier ist eine unheimlich leckere Weißbiersuppe, die an einen Morgen auf dem Viktualienmarkt erinnert.

Für die eingelegten Radieschen

1 Bund Radieschen
20 g heller Balsamicoessig
2 g Salz
100 g Zucker
100 g Wasser

Für die Brühe

500 ml alkoholfreies Hefeweizen
250 ml heller Kalbsfond
150 g süßer Senf
100 ml Radieschen-Einlegefond
10 g frisch geriebener Meerrettich (sehr fein)
15 g Zucker
10 g Salz

Für die Laugencroûtons

2 Laugenbrötchen oder Brezeln
20 g Butter

Außerdem

6 Weißwürste
1 Bund Frühlingszwiebeln
20 g Blattpetersilie

Für 6 Personen

- Wir empfehlen, die eingelegten Radieschen am Abend vorher zu machen. Wascht die kleinen Radieschen dazu, befreit sie vom Grün und halbiert sie der Länge nach. Nun ab in ein Glas damit. Alle anderen Zutaten zusammen aufkochen, die Radieschen übergießen, Deckel draufschrauben und mindestens 1 Stunde ziehen lassen.

- Für die Brühe gebt ihr alle Zutaten in einen Topf und lasst das Ganze 15 Minuten bei mittlerer Hitze köcheln.

- In der Zwischenzeit schneidet ihr das Laugengebäck in grobe Würfel. Lasst nun die Butter in einer Pfanne aus, gebt die Gebäckwürfel hinzu und röstet sie gleichmäßig an.

- Die Weißwürste pellen und in etwa 1 Zentimeter dicke Scheiben schneiden.

- Die Weißwurstscheiben auf alle Teller verteilen. Die Radieschen dazugeben, alles mit der heißen Brühe übergießen, Laugencroûtons darauf und zu guter Letzt mit frisch geschnittenen Frühlingszwiebeln und der Petersilie bestreuen. Am besten passt – wer hätte das gedacht? – ein schönes Hefeweizen dazu.

SHAKSHUKA

Seit Anbeginn der Zeit auf unserer Frühstückskarte: der israelische Klassiker Shakshuka, ein warmes und herzhaftes Wohlfühlessen. Simpel und dabei richtig lecker – so muss ein Frühstück sein!

—

Zutaten
2 rote Chilischoten
1 Knoblauchzehe
3 Zwiebeln
100 g Ingwer
50 ml Olivenöl
2 rote Paprikaschoten
300 g Tomaten
400 g stückige Tomaten aus der Dose
500 ml passierte Tomaten
20 g Salz
30 g Zucker
75 ml heller Balsamicoessig

—

Außerdem
6 Eier
etwas Salz
1 Bund Frühlingszwiebeln
20 g Blattpetersilie

—

Für 6 Personen

- Chilischoten waschen, halbieren und entkernen, Knoblauch und Zwiebeln abziehen und alles fein würfeln. Ingwer schälen und fein reiben. Nun alles zusammen in einem Topf mit Olivenöl anschwitzen. Paprika waschen, halbieren und entkernen, Tomaten waschen und beides würfeln und mit in den Topf geben. Ein paar Minuten mitschwitzen lassen und dann mit den stückigen und passierten Tomaten auffüllen.

- Das Ganze etwa 30 Minuten bei mittlerer Hitze köcheln lassen, bis die Shakshuka etwas eingekocht und angedickt ist. Gegen Ende der Garzeit schon mal den Backofen auf 180 °C (Umluft) vorheizen.

- Die Shakshuka mit Salz, Zucker und dem Balsamico würzen.

- Verteilt die Masse nun auf 6 ofenfeste Schüsseln oder Pfännchen. Macht eine Kuhle in die Mitte der Masse, schlagt jeweils 1 Ei hinein und salzt es ein wenig. Je nach Größe der Eier braucht die Shakshuka nun 10–15 Minuten im Ofen, bis sie fertig ist.

- Kurz bevor ihr eure Shakshuka aus dem Ofen nehmt, schneidet ihr die Frühlingszwiebeln in dünne Ringe und die Petersilie in grobe Streifen.

- Die Shakshuka aus dem Ofen nehmen und mit den Kräutern bestreuen. Jetzt ist es Zeit, sich diese Leckerei mit ein paar frischen Scheiben Brot (am besten natürlich selbst gebacken, Rezepte ab Seite 12) schmecken zu lassen. Aber Achtung, heiß!

GOLDENE SHAKSHUKA

Die herbstliche Variante der klassischen Shakshuka, die euer Herz höherschlagen lässt und euch mit aromatischen Gewürzen von innen wärmt.

Zutaten

2 rote Chilischoten
1 Knoblauchzehe
3 Zwiebeln
100 g Ingwer
20 g frischer Kurkuma
50 ml Olivenöl
2 gelbe Paprikaschoten
500 g Hokkaido-Kürbis
300 g gelbe Karotten
500 ml Orangensaft
300 ml Gemüsebrühe
20 g Salz
30 g Zucker
1 Prise gemahlener Kreuzkümmel
75 ml heller Balsamicoessig

Außerdem

6 Eier
etwas Salz
1 Bund Frühlingszwiebeln
20 g Blattpetersilie

Für 6 Personen

- Chilischoten, Knoblauch und Zwiebeln fein würfeln. Ingwer und Kurkuma schälen und fein reiben. Nun alles zusammen in einem Topf mit Olivenöl anschwitzen. Paprika, Kürbis und waschen und entkernen, Karotten waschen und putzen und alle drei Gemüse würfeln und mit in den Topf geben. Ein paar Minuten mitschwitzen lassen und dann mit dem Orangensaft und der Brühe auffüllen.

- Das Ganze etwa 30 Minuten bei mittlerer Hitze köcheln lassen, bis die Shakshuka etwas eingekocht uns angedickt ist. Gegen Ende der Garzeit schon mal den Backofen auf 180 °C (Umluft) vorheizen.

- Die Shakshuka mit Salz, Zucker, Kreuzkümmel und dem Balsamico würzen.

- Verteilt die Masse nun auf 6 ofenfeste Schüsseln oder Pfännchen. Macht eine Kuhle in die Mitte der Masse schlagt jeweils 1 Ei hinein und salzt es ein wenig. Je nach Größe der Eier braucht die Shakshuka nun 10–15 Minuten im Ofen, bis sie fertig ist.

- Kurz bevor eure goldene Shakshuka aus dem Ofen muss, schneidet ihr die Frühlingszwiebeln in dünne Ringe und die Petersilie in grobe Streifen.

- Die Shakshuka aus dem Ofen nehmen und mit dem frischen Grün bestreuen. Mit ein paar frischen Scheiben Brot (am besten natürlich selbst gebacken, Rezepte ab Seite 12) servieren und schmecken lassen. Aber Achtung, heiß!

VIETHAM

Ein bodenständiges Katerfrühstück aus vietnamesischen Baos und Hamburger Labskaus, nicht nur für Leichtmatrosen wärmstens zu empfehlen.

Für den Hefeteig

175 ml lauwarmes Wasser
1 EL flüssiger Honig
10 g Hefe
10 ml Kürbiskernöl
75 g Roggenvollkornmehl
225 g Weizenmehl Type 405
7 g Salz

Für das Labskaus

1 große Kartoffel (ca. 250 g)
100 g gekochte Rote Bete
2 Matjesfilets
20 g Blattpetersilie
100 g Corned Beef aus der Dose
3 g Salz
frisch gemahlener schwarzer Pfeffer
20 g Apfelessig

Außerdem

1 Lorbeerblatt
6 Eier
2 Romanasalatherzen

Für 6 Personen

- Für den Hefeteig verrührt ihr Wasser, Honig und Hefe in einer Schüssel. Gebt nun das Kürbiskernöl und alle trockenen Zutaten hinzu und knetet einen schönen, homogenen Teigrohling. Hierfür könnt ihr wahlweise ein Handrührgerät, die Küchenmaschine oder eure Hände nutzen. Deckt den Teig nun ab und lasst ihn etwa 1 Stunde an einem warmen Ort gehen.

- Für das Labskaus schält ihr die Kartoffel und kocht sie in Salzwasser weich. Schneidet die Rote Bete und den Matjes in ganz kleine Würfel (etwa 2 × 2 Millimeter). Schneidet die Blattpetersilie in feine Streifen und gebt alles in eine Schüssel.

- Drückt die Kartoffeln und das Corned Beef nun durch eine Kartoffelpresse, vermengt alles mit den anderen Zutaten und würzt das Ganze mit Salz, Pfeffer und Essig. Das Labskaus beiseitestellen und ziehen lassen.

- Teilt den Teig in 6 Portionen à 80–85 Gramm und rollt die Portionen zu Kugeln. Jetzt schnappt ihr euch ein Nudelholz und rollt die runden Teiglinge zu ovalen, circa 2 Millimeter dicken Scheiben aus. Legt ein kleines Stück Backpapier auf die eine Hälfte des Teiges und faltet die andere Hälfte darüber. Nun ist noch einmal Geduld gefragt – gebt dem Teig erneut 20 Minuten an einem warmen Ort, um zu gehen.

- Sobald die Bao-Rohlinge ausreichend gegangen sind, werden sie gedämpft. Hierfür eignet sich ein großer Bambusdämpfer. Bringt einen ausreichend großen Topf mit Wasser zum Kochen, gebt 1 Lorbeerblatt hinein und setzt das Bambuskörbchen mit Deckel darauf. Nun müssen die Hefesandwiches etwa 15–20 Minuten dämpfen.

- Die Wartezeit nutzt ihr, um die Spiegeleier zu braten, wie ihr sie gern mögt.

- Sobald die Baos fertig gedämpft sind, nehmt ihr sie aus dem Dämpfkörbchen, verteilt ein paar Salatblätter und das Labskaus zwischen den Sandwichhälften, legt das Spiegelei obendrauf und serviert euren hungrigen Gästen diesen Multikulti-Katerkiller!

SÜßKRAM

Süßes Frühstück ist mit hoher Wahrscheinlichkeit nicht die gesündeste Option für die erste Tagesmahlzeit, aber auf jeden Fall die verlockendste. In diesem Kapitel zeigen wir euch ein paar unserer liebsten Schlemmereien, die euren Süßhunger auf die etwas andere Art und Weise stillen, wenn er sich mal wieder meldet. Fernab von einem Stück Kuchen beim Bäcker oder dem Eierkuchen aus der Pfanne gibt es nämlich viel mehr in der Welt der süßen Versuchungen zu entdecken. Wir finden: Nichts macht glücklicher (und satter!) als ein ausgiebiger süßer Start in den Tag. Probiert euch am besten einmal ganz durch unsere Rezeptepalette und landet schnell und sicher im siebten Süßkramhimmel – oder im Foodkoma.

AHORN-CRANBERRY-SCHNECKE

Falls ihr noch nie in Kanada wart, wisst ihr ab jetzt, wie es schmeckt: Fluffiger Teig und nussige Füllung wecken das Fernweh nach kanadischen Ahornwäldern.

—

Für den Teig
250 ml Buttermilch
75 g Vanillezucker
25 g Hefe
500 g Mehl
3 g Salz
1 g Zimt
200 g weiche Butter

—

Für die Pekannusspaste
250 ml Pekannüsse
250 g Ahornsirup
3 g Maldon-Salz oder Fleur de Sel

—

Außerdem
100 g Cranberrys
50 g Butter
Ahornsirup

—

Für 6 Personen

- Verrührt die Buttermilch, den Vanillezucker und die Hefe in einer Schüssel. Gebt nun das Mehl, das Salz und den Zimt dazu und verknetet alles gut miteinander. Gebt nun die weiche Butter hinzu und knetet so lange, bis ein homogener Teig entstanden ist. Deckt die Schüssel mit Folie ab und lasst den Teig an einem warmen Ort mindestens 1 Stunde gehen.

- Den Backofen auf 160 °C (Umluft) vorheizen. Die Pekannüsse darin etwa 10 Minuten rösten. In einen Standmixer füllen, den Sirup dazugießen und zu einer stückigen Paste mixen. Gebt jetzt das Salz hinzu und rührt es kurz ein.

- Schnappt euch jetzt ein Nudelholz, mehliert die Arbeitsfläche und rollt den Teig in ein halbwegs gleichmäßiges Rechteck aus. Der Teig sollte etwa fingerdick sein.

- Nun bestreicht ihr den Teig mit der Nusspaste, bestreut ihn im Anschluss mit den Cranberrys und rollt alles der Länge nach ein.

- Schneidet die Rolle in sechs Scheiben, legt sie mit etwas Abstand voneinander in eine gebutterte Backform und lasst sie noch mal 30 Minuten gehen.

- In der Zwischenzeit heizt ihr den Ofen auf 180° C (Umluft) vor. Sobald die Schnecken ausreichend gegangen sind und die komplette Backform ausfüllen, ist der große Moment gekommen und sie dürfen in den Ofen.

- Den Schnecken 10–12 Minuten beim Backen zusehen, herausnehmen, noch ein bisschen Ahornsirup drüber und genießen. Himmlisch!

BREAD-'N'-BUTTER-TIRAMISU

Ihr kennt es: Weihnachten ist vorbei und der Schrank ist voller Fressalienreste. Mit diesem Rezept könnt ihr ein bisschen was davon verarbeiten. Zwar nicht gerade kalorienarm, aber ganz schön lecker!

Für die Gebäckwürfel
1 ganzen Panettone
500 ml Milch
500 ml Sahne
8 Eier
100 g Marzipan

Für die Mascarponecreme
250 g Mascarpone
50 g Holunderblütensirup
10 g Vanillezucker
Abrieb von ½ Zitrone

Außerdem
Zitronenpulver
Orangenpulver

Für 6 Personen

- Den Panettone in etwa 2 × 2 Zentimeter große Würfel schneiden und ein paar Stunden trocknen lassen. Für die Masse mixen wir Milch, Sahne, Eier und das Marzipan. Gießt gut die Hälfte der Masse über das trockene Brot und lasst es etwa 1 Stunde quellen.

- Den Ofen auf 130 °C (Umluft) vorheizen und das gequollene Brot auf 6 ofenfeste Gläser verteilen. Gießt nun den Rest der Masse obendrüber und stellt die Gläser mit Alufolie abgedeckt in den Ofen. Je nach Größe der Gläser backt ihr das Ganze nun 30–45 Minuten, bis es komplett gestockt ist.

- Die Backzeit nutzt ihr, um die Mascarponecreme zu machen. Gebt dazu den Mascarpone und die anderen Zutaten in eine Schüssel und rührt sie mit einem Handrührgerät cremig.

- Sobald die Masse in den Gläsern komplett gestockt ist, nehmt ihr sie aus dem Ofen und lasst sie etwas abkühlen. Vor dem Servieren löffelt ihr eine ordentliche Portion Creme darauf, streut etwas Fruchtpulver drüber und lasst es euch schmecken.

CHEESECAKE-WAFFELN

Es gibt wohl kein amerikanischeres Dessert als New York Cheesecake. Wir haben uns davon zu leckeren Frühstückswaffeln inspirieren lassen, die euch sofort über den großen Teich in ein hippes New Yorker Café katapultieren – zumindest gefühlt.

Für den Waffelteig

250 g Butter
200 g Vanillezucker
6 Eier
500 g Mehl
1 Prise Salz
10 g Backpulver
Abrieb und Saft von 1 Limette
400 ml Buttermilch
50 g kernige Haferflocken

Für das Kompott

50 g Zucker
75 g Bourbon Whiskey
Saft von 1 Zitrone
300 g TK-Heidelbeeren
1 Prise Salz, 1 g Stärke

Für die Creme

250 g Frischkäse
100 g Joghurt (10 % Fett)
50 g Zitronensaft
20 g Puderzucker
Abrieb von ½ Zitrone
2 g Vanillepaste

Außerdem

etwas Fett zum Ausbacken der Waffeln
300 g frische Heidelbeeren

Für 6 Personen

- Den Ofen auf 180 °C vorheizen. Die weiche Butter mit dem Vanillezucker in der Küchenmaschine schaumig rühren. Nach und nach die Eier einrühren. Mehl, Salz, Backpulver und den Limettenabrieb dazugeben und gut verrühren.

- Nun die Buttermilch und den Limettensaft einfließen lassen. Die Haferflocken 10 Minuten im Backofen bei 180 °C (Umluft) rösten, unterrühren und den Teig mindestens 30 Minuten kalt stellen.

- Für das Kompott lasst ihr den Zucker in einem kleinen Topf karamellisieren. Sobald der Zucker goldbraun ist, löscht ihr ihn mit dem Whiskey und dem Zitronensaft ab. Jetzt 5 Minuten bei niedriger Hitze köcheln lassen, bis alle Zuckerklumpen aufgelöst sind.

- Beeren und Salz dazugeben, aufkochen und mit in etwas kaltem Wasser angerührter Stärke binden.

- Für die Creme alle Zutaten nacheinander verrühren.

- Ein Waffeleisen erhitzen, ein wenig einfetten und etwa 1 Kelle Teig hineingeben. Deckel zumachen und goldbraun backen. Menge und Backdauer richten sich natürlich stark nach eurem Waffeleisen.

- Zum Servieren schichtet ihr ein paar Waffeln übereinander, gebt einen großzügigen Klecks Creme und ein bisschen Kompott darauf und garniert das Ganze mit ein paar frischen Beeren.

COOKIE-SANDWICH

Wer ist nicht schon mal an einem Sommertag aufgewacht und hatte schon zum Frühstück Lust auf Eis? Mit dieser Leckerei könnt ihr gesellschaftliche Konventionen sprengen und auch schon morgens Eiscreme essen. Bitte schön!

—

Für die Kekse

115 g Butter
100 g brauner Rohrzucker
1 Ei
50 g Vanillezucker
125 g Mehl
5 g Backpulver
2 g Salz
150 g Haferflocken
150 g Rosinen

—

Für das Eis

450 ml Hafermilch
150 g Zucker
100 g geröstete Haferflocken
40 ml Kaffeelikör
100 g Eigelb
1 Prise Salz
5 g grüner Hafertee

—

Für 6 Personen

- Die Butter erwärmen, bis sie weich ist, und mit dem Zucker in einer Küchenmaschine schaumig schlagen. Danach das Ei einarbeiten, bis eine homogene Masse entstanden ist. Am einfachsten funktioniert das, wenn das Ei bereits Raumtemperatur hat.

- Nun alle weiteren Zutaten hinzugeben, gut verrühren und die Masse zu einer Rolle formen, in Frischhaltefolie wickeln und mindestens 1 Stunde im Kühlschrank kalt stellen.

- In der Zwischenzeit bereitet ihr die Eismasse zu. Am einfachsten geht das mit einer Küchenmaschine. Alle Zutaten für circa 30 Sekunden bei voller Kraft mixen. Danach bei mittlerer Stufe auf 70 °C erhitzen und anschließend durch ein feines Sieb passieren.

- Die Masse abkühlen lassen, bevor ihr sie in eure Eismaschine gebt und alles zu einem cremigen Eis gefrieren lasst.

- Während das Eis in der Maschine seine Runden dreht, bereitet ihr die Kekse zu. Den Backofen schon mal auf 180 °C (Umluft) vorheizen. Schneidet die Rolle in 12 etwa gleich große Scheiben, legt diese auf ein Backblech mit Backpapier und drückt sie etwas an. Ihr solltet genug Platz zwischen den Keksen lassen, da diese beim Backen etwas auseinandergehen.

- Schiebt das Blech in den vorgeheizten Ofen und backt die Cookies etwa 12–18 Minuten. Nicht länger, denn sie sollen schön „chewy“ sein. Nehmt sie vom Blech und lasst sie auf einem Gitter auskühlen.

- Bevor es ans Servieren geht, legt ihr die Kekse für mindestens 10 Minuten in die Tiefkühltruhe. Dann schmilzt das Eis nicht direkt, wenn ihr es auf die Kekse löffelt.

- Das Eis wird auf 6 Kekse verteilt und ein zweiter Keks obendrauf platziert. Entweder ihr schnabuliert diese kleine Sauerei direkt oder lasst sie noch mal komplett durchfrieren. Egal wie – genießt den Traum eines jeden Kindes!

FITTE QUARK-KEULCHEN

Der sächsische Klassiker als gesunde Variante für Fitnessfreaks und healthy Lifestyler. Aber auch wenn ihr keins von beidem seid, schmecken diese kleinen Dinger ganz vorzüglich.

Für den Teig

500 g Süßkartoffeln
250 g Quark (10 % Fett)
75 g Mehl
1 Ei
30 g Ahornsirup
1 Prise Salz
Abrieb und Saft von 1 Zitrone

Für das Apfelkompott

4 Pink-Lady-Äpfel
1 Sternanis
2 Kardamomkapseln
1 Stange Zimt
30 g Zucker
50 ml Zitronensaft

Außerdem

etwas Öl zum Braten
1 Granny-Smith-Apfel
1 Pink-Lady-Apfel

Für 6 Personen

- Die Süßkartoffeln schälen und in Wasser kochen. Sobald sie weich sind, abgießen und mit einer Kartoffelpresse in eine Schüssel pressen. Deckt die Schüssel mit einem Tuch ab und lasst die Kartoffelmasse etwas auskühlen.

- In der Zwischenzeit schneidet ihr für das Apfelkompott die Äpfel in grobe Würfel (Kernhaus entfernen) und kocht sie abgedeckt in einem kleinen Topf mit allen weiteren Zutaten weich. Das dauert etwa 10 Minuten. Gut aufpassen, dass es nicht anbrennt.

- Für den Teig vermengt ihr die lauwarme Süßkartoffelmasse mit allen weiteren Zutaten. Erhitzt eine Pfanne mit etwas Öl und gebt die Masse löffelweise hinein. Bratet die Quarkkeulchen von beiden Seiten schön goldbraun.

- Serviert sie am besten heiß, gebt etwas Apfelkompott darauf und garniert das Gericht mit ein paar Spalten der rohen Äpfel.

SCHOKO-FRENCH-TOAST

Eine warme Schokoladenbombe für reichlich Happiness auf dem Teller. Hier kommen Schokoholics voll auf ihre Kosten!

Für die French Toasts
500 ml Milch
75 g Zucker
20 g Backkakao
5 Eier
1 Prise Salz
9 Milchbrötchen
100 g Butter

Für die Streusel
100 g dunkle Schokolade
100 g Butter
100 g brauner Zucker
100 g Mehl
20 g Backkakao
1 Prise Salz

Für die Joghurtcreme
500 g Joghurt (10 % Fett)
75 g Zucker
½ Vanillestange
Saft und Abrieb von ½ Zitrone

Für 6 Personen

- Verrührt Milch, Zucker, Kakao, Eier und Salz und gebt die Masse in ein tiefes Blech.

- Halbiert die Milchbrötchen und legt sie zum Einweichen in die Masse. Ihr solltet sie etwas beschweren und nach 15 Minuten einmal drehen.

- Den Backofen auf 180 °C (Umluft) vorheizen. Für die Streusel hackt ihr die dunkle Schokolade klein und verknetet sie mit der weichen Butter und den anderen Zutaten. Verteilt sie auf einem Blech und backt sie im vorgeheizten Ofen etwa 10 Minuten, bis sie schön knusprig sind.

- Die Joghurtcreme ist superschnell gemacht: Alle Zutaten in einer Schüssel verrühren, fertig.

- Nehmt die eingeweichten Brötchen aus der Kakaomasse und tropft sie etwas ab. Erhitzt die Pfanne mit etwas Butter, legt die Brötchenhälften hinein und bratet sie von beiden Seiten kross an.

- Gebt sie auf ein mit Backpapier ausgelegtes Backblech und schiebt sie alle zusammen noch mal für etwa 10 Minuten bei 160 °C (Umluft) in den Backofen.

- Pro hungrigem Schleckermaul stapelt ihr 3 French Toasts aufeinander, gebt reichlich Joghurtcreme und Streusel obendrauf und serviert es.

PANCAKES SIND AUCH NUR GEBACKENE LUFT

Eigentlich sind Pancakes nur gebackene Luft. Und deswegen haben sie auch keine Kalorien. Zumindest ist das unsere bescheidene Meinung, und immerhin wird Sonja nicht umsonst als Pancake-Queen bezeichnet. Auf den folgenden Seiten zeigen wir euch fünf sündhaft leckere Rezepte, mit denen auch ihr zu anerkannten Mitgliedern im Pancake-Hofstaat werdet.

Um unsere kleinen Küchlein zu perfektionieren, haben wir lange recherchiert und sind bei der japanischen Variante gelandet. Die Basis ist ein normaler Pfannkuchenteig, der überdurchschnittlich viel Eiweiß enthält. Gebacken werden unsere Pancakes im Ofen, genauer gesagt in einer gusseisernen Pfanne und Metallringen – das dauert zwar etwas länger, dadurch werden sie aber richtig schön hoch und megafluffig. Gut Ding braucht eben Weile.

Pancakes schmecken schon pur, aber erst mit Toppings werden sie zu richtigen Geschmacksbomben. Wenn sie sich neue Pancake-Rezepte ausdenkt, flippt Sonja regelmäßig völlig aus. Dann gesellt sich schon mal Eierlikör zu Apfel und Baiser oder Bacon zu Ahornsirup und Meersalz. Ihr merkt: Draufpacken kann man so ziemlich alles, was Spaß macht. Meist ist das bei uns eine Creme, etwas Fruchtiges und etwas Crunchiges wie Knusper, Streusel oder Baiser. Und wenn man's richtig übertreiben will, verpasst man den Pancakes noch eine leckere Füllung. Aber mal Hand aufs Herz: Die folgenden Rezepte sind definitiv nichts für die Bikinifigur – aber immer eine Sünde wert, um danach im siebten Pancake-Himmel zu schweben!

Solltet ihr weder Pfanne noch Metallringe zur Hand haben, geht natürlich auch eine runde Ofenform, in die ihr den ganzen Teig füllt. Hier teilt ihr den großen Pancake am Ende einfach in einzelne Stücke. Mit dieser Variante geht der Teig allerdings leider nicht ganz so schön auf.

DIE MUTTER ALLER EIERKUCHEN

Jedes gute Pancake-Bauwerk braucht ein stabiles Fundament. Unser Pancake-Teig ist ein eigentlich idiotensicheres Grundrezept, das ihr je nach Lust und Laune mit einfachen Handgriffen abwandeln könnt. Hier gilt die Devise: Seid kreativ und tut, was euch glücklich macht.

Für unseren Pancake-Teig
7 Eier
1 l Vollmilch
200 g Zucker
600 g Weizenmehl

Für 6 Personen

- Die erste und wichtigste Aufgabe ist es, die Eier zu trennen. Hierbei unbedingt darauf achten, dass kein Eigelb im Eiweiß ist, da es sich sonst nicht aufschlagen lässt. Wie ihr das am Ende macht, bleibt euch überlassen. Am Ende führen viele Wege nach Rom.

- Nun Milch, Zucker und Eigelb mixen. Das Mehl einsieben und unterrühren.

- Das Eiweiß in einer Küchenmaschine oder mit dem Handrührer steif schlagen und am Ende vorsichtig unter die Masse heben. Den fertigen Teig bis zum Gebrauch in den Kühlschrank stellen. An dieser Stelle macht ihr dann weiter mit dem jeweiligen Rezept.

APPLE CRUMBLE PANCAKES

Diese fluffigen Dinger schmecken fast besser als Omis warmer Apfelkuchen, und das will was heißen. Leckere Vanillecreme, selbst gemachtes Karamell und knusprige Streusel – mehr braucht es nicht für eine richtige Schlemmerei.

—

Für die Creme
250 ml Milch
50 g Vanillezucker
½ Vanillestange
40 g Puddingpulver Vanille
200 g Schmand

—

Für das Apfelkompott
6 Pink-Lady-Äpfel
80 g Zucker
20 ml Zitronensaft

—

Für die Streusel
je 100 g Butter und Zucker
150 g Mehl
30 g Haferflocken
1 Prise Zimt

—

Für die Karamellsauce
200 g Zucker
100 g Sahne

—

Außerdem
etwas Öl zum Einfetten
1 Granny-Smith-Apfel

—

Für 6 Personen

- Für die Creme ⅔ der Milch mit dem Vanillezucker und dem Mark aus der Vanillestange zum Kochen bringen. Das Puddingpulver in die restliche Milch rühren und in die kochende Milch einrühren. Vom Herd nehmen und etwas abkühlen lassen. Als letzten Schritt noch den Schmand einrühren.

- Für das Apfelkompott die Äpfel vierteln und das Kerngehäuse entfernen. Die Äpfel in grobe Stücke schneiden und mit dem Zucker und dem Zitronensaft in einem abgedeckten Topf bei kleiner Hitze weich schmoren. Ab und an umrühren.

- Für die Streusel verknetet ihr die weiche Butter mit allen anderen Zutaten. Verteilt die rohen Streusel auf einem Backblech und backt sie circa 15 Minuten bei 160 °C (Umluft).

- Karamellisiert den Zucker langsam bei mittlerer Hitze in einem Topf. Wenn der Zucker zerlaufen und nussbraun ist, nehmt ihr den Topf vom Herd und gießt die Sahne unter ständigem Rühren nach und nach ein. Am Ende solltet ihr eine homogene, hellbraune Sauce haben, die ihr am besten im Voraus produziert und auf Raumtemperatur abkühlen lasst.

- Erhitzt eine gusseiserne Pfanne mit den gut eingefetteten Metallringen auf dem Herd bei mittlerer Stufe.

- Füllt den vorbereiteten Teig (siehe Seite 118) ein, stellt die Pfanne in den auf 190 °C (Umluft) vorgeheizten Ofen und 10–15 Minuten backen. Aus dem Ofen nehmen, die Ringe entfernen und die Pancakes auf dem Herd noch einmal jeweils 1 Minute von jeder Seite auf Stufe 1 nachbacken.

- Stapelt 3 warme Pancakes pro Portion übereinander, löffelt eine Ladung Vanillecreme darauf, packt Apfelkompott und Streusel obenauf, garniert das Ganze mit ein paar frischen grünen Apfelstreifen und gebt jetzt noch richtig viel Karamellsauce drüber. Alles, was jetzt noch zu tun ist: servieren und bis zum letzten Krümel genießen!

PANCAKES RUT UN WIESS

Eine rot-weiße Hommage an Köln! Für Süßfrühstücker, FC-Fans, Lokalpatrioten und auch alle anderen, die zum Frühstück Lust auf den fruchtig-süßen Pancake-Traum schlechthin haben.

Für die Joghurtcreme

250 g Joghurt (10 % Fett)
250 g Schmand
20 ml Zitronensaft
20 g Zucker
10 g Vanillepuddingpulver zum Kalt-Anrühren

Für das Johannisbeerkompott

100 g Zucker
500 g Rote Johannisbeeren

Außerdem

etwas Öl zum Einfetten
250 g Rote Johannisbeeren
100 g fertige Meringue bzw. Baiser

Für 6 Personen

- Die Joghurtcreme ist supereinfach gemacht. Ihr verrührt alle Zutaten inklusive des Puddingpulvers mit einem Pürierstab und stellt die Mischung erst mal kalt.

- Das Johannisbeerkompott ist nicht viel schwieriger. Ihr gebt den Zucker und die Beeren in einen Topf, lasst alles einmal aufkochen und rührt ab und zu um. Herd ausmachen und erkalten lassen.

- Erhitzt eine gusseiserne Pfanne mit den gut eingefetteten Metallringen auf dem Herd bei mittlerer Stufe. Füllt den vorbereiteten Teig (siehe Seite 118) ein und stellt die Pfanne in den auf 190 °C (Umluft) vorgeheizten Ofen und backt das Ganze für 10–15 Minuten. Aus dem Ofen nehmen, die Ringe entfernen und die Pancakes auf dem Herd noch einmal jeweils 1 Minute von jeder Seite auf niedriger Stufe nachbacken.

- 3 Pancakes pro Portion aufstapeln, 1 großen Klecks Joghurtcreme darüber, das Johannisbeerkompott darauf und am Ende mit Johannisbeeren und den grob gebrochenen Baisers bestreuen. Darauf ein dreifaches „Pancake Alaaf"!

- **Tipp:** Auch hier gilt wieder: Natürlich können die Ambitionierten unter euch ihr Baiser auch selbst herstellen. Fertiges ist aber auch vollkommen in Ordnung und gibt euch die Freiheit, es nicht selbst machen zu müssen.

Es gibt kaum ein bekannteres Dessert als Birne Helene, das euch hier in seiner Pfannkuchen-Reinkarnation auf kürzestem Wege in den Schokohimmel versetzt. Viel besser kann ein Tag wohl kaum starten. Allerdings stehen die Chancen, danach auf dem Sofa zu landen und den Tag gechillt vor der Glotze zu verbringen, doch recht hoch.

Helenes Birnen Pancakes

Zusätzlich für den Pancake-Teig
3 EL Kakaopulver zum Mehl geben

Für den Schokopudding
500 ml Milch
50 g Zucker
200 g dunkle Schokolade (unsere Empfehlung: Beni Wild Harvest von Original Beans)
30 g Speisestärke
1 Eigelb

Für das Birnenkompott
1 kg Birnen
100 g Zucker
50 ml Zitronensaft
½ Vanilleschote

Für das Granola
80 g Haferflocken
10 g Leinsamen
150 g Mehl
10 g gehobelte Mandeln
50 g Honig
1 Prise Zimt

Außerdem
2 feste Birnen
Saft von 1 Zitrone
etwas Öl zum Einfetten

Für 6 Personen

- Schokopudding, wie man ihn in einer Zeit vor dem Tütenpudding gemacht hat, war auch nicht viel aufwendiger – aber viel leckerer: ⅔ der Milch mit dem Zucker aufkochen, die Schokolade zugeben und in der heißen Milch schmelzen. Die Speisestärke nun in der restlichen kalten Milch anrühren und unter Rühren in die heiße Schokomilch geben. Einmal aufkochen und vom Herd nehmen. Dabei aber immer schön weiterrühren. Sobald die Masse nicht mehr kocht, das Eigelb mit einem Stabmixer einmixen und den Pudding bis zum Servieren etwas abkühlen lassen. Solltet ihr ihn davor nicht schon wegschnabuliert haben, einfach noch mal kurz glatt rühren.

- Die Birnen vierteln, das Kerngehäuse entfernen und in grobe Stücke schneiden. Mit dem Zucker, dem Zitronensaft und dem Mark der ausgekratzten Vanilleschote in einem abgedeckten Topf bei kleiner Hitze weich schmoren. Ab und an umzurühren.

- Als Knuspertopping haben wir uns für ein Granola entschieden. Die Herstellung ist super-easy, ihr findet sie auf Seite 29.

- Als frische Komponente obendrauf hobelt ihr eine Birne in dünne Scheiben, mariniert sie mit dem Saft der Zitrone und lasst sie darin 5 Minuten ziehen.

- Erhitzt eine gusseiserne Pfanne mit den gut eingefetteten Metallringen auf dem Herd bei mittlerer Stufe. Füllt den Teig (siehe Seite 118) ein und stellt die Pfanne in den auf 190 °C (Umluft) vorgeheizten Ofen und backt das Ganze für 10–15 Minuten. Aus dem Ofen nehmen, die Ringe entfernen und die Pancakes auf dem Herd noch einmal jeweils 1 Minute von jeder Seite auf Stufe 1 nachbacken.

- Baut euch nun einen Turm aus je 3 Schoko-Pancakes, löffelt ordentlich was von dem hoffentlich noch vorrätigen Schokopudding darauf, ergänzt alles mit Birnenkompott, frischen Birnen und etwas Granola. Fertig!

PINKCAKES

Für ein bisschen mehr girly Spirit auf dem Frühstückstisch! Diese leckeren Dinger sind ein beerensüßer Traum in Sonjas „absoluter Lieblingsfarbe“ Pink, der garantiert nicht nur die Mädels unter euch happy macht.

Zusätzlich für den Pancake-Teig
3 EL Rote-Bete-Pulver zum Mehl geben
1 Glas Himbeermarmelade

Für die Joghurtcreme
250 g Joghurt (10 % Fett)
250 g Schmand
20 ml Zitronensaft
20 g Zucker
10 g Vanillepuddingpulver zum Kalt-Anrühren
1 EL Rosenwasser
2 Tropfen Lebensmittelfarbe Kirschrot

Für die Streusel
125 g Butter
80 g Himbeeren
75 g Zucker
250 g Mehl
1 Tropfen Lebensmittelfarbe Kirschrot
75 g weiße Schokolade, fein zerkrümelt

Außerdem
etwas Öl zum Einfetten
250 g Erdbeeren, halbiert
250 g Himbeeren

Für 6 Personen

- Die Joghurtcreme ist supereinfach gemacht: Alle Zutaten inklusive des Puddingpulvers mit einem Pürierstab verrühren und kalt stellen.

- Die Streusel sind das Herzstück dieses Rezepts. Dafür die weiche Butter mit allen anderen Zutaten verkneten, auf einem Backblech verteilen und bei 160 °C (Umluft) circa 15 Minuten backen. Die Streusel sollten außen kross und innen noch etwas weich sein. So, wie ihr sie schon früher bei Oma am liebsten vom Kuchen heruntergenascht habt. Aber seid gewarnt: Die Kombination von Himbeere und weißer Schokolade macht das Widerstehen noch schwieriger – nicht vorab gleich alles aufessen!

- Erhitzt jetzt eine gusseiserne Pfanne mit den gut eingefetteten Metallringen auf dem Herd bei mittlerer Stufe. Füllt den Teig (siehe Seite 118) ein, gebt je 1 Esslöffel Himbeermarmelade in die Mitte, stellt die Pfanne in den auf 190 °C (Umluft) vorgeheizten Ofen und backt das Ganze 10–15 Minuten. Aus dem Ofen nehmen, die Ringe entfernen und die Pancakes auf dem Herd noch einmal jeweils 1 Minute von jeder Seite auf niedriger Stufe nachbacken.

- Die Erdbeeren waschen und halbieren. 3 Pinkcakes pro Teller aufeinanderlegen, einen guten Klecks Creme draufgeben, frische Erdeerhälften sowie Himbeeren darüber verteilen und nun richtig viele der richtig leckeren Streusel drauf. Und jetzt den pinken Traum genießen!

- Aber Vorsicht: Wie im richtigen Leben ist der beste Teil auch der gefährlichste. Der Marmeladenkern ist megalecker und ein Highlight beim Anschneiden – aber eben auch richtig heiß. Vorsicht also, um sich dabei nicht das Schnäuzchen zu verbrennen.

- **Tipp:** Das Rote-Bete-Pulver bekommt ihr im Reformhaus oder im Bio-Supermarkt.

BACON PANCAKES

Eine süß-salzige Sauerei und ungefähr das Verrückteste, das man mit Pancakes anstellen kann. Bacon und Ahornsirup geben hier den Ton an. Klingt vielleicht erst mal crazy, ist aber so ultralecker, dass ihr am liebsten drin baden möchtet. Übrigens: Erik kann auch Pancakes backen, isst sie aber viel lieber und überlässt daher der königlichen Hoheit Sonja kampflos den Titel der Pancake-Queen.

Zusätzlich für den Pancake-Teig
80 g getrocknete Cranberrys

Für die Frischkäsecreme
500 g Frischkäse
100 g Zucker
Abrieb und Saft von 1 Zitrone

Für den Bacon
500 g geschnittener Bacon

Für die Karamellnüsse
100 g Ahornsirup
300 g Pekannüsse
2 g Maldon-Salz

Außerdem
etwas Öl zum Einfetten
200 g getrocknete Cranberrys
300 g Ahornsirup

Für 6 Personen

- Den Frischkäse mit Zucker sowie dem Abrieb und dem Saft der Zitrone verrühren.

- Die Baconscheiben in einer Pfanne knusprig, kross und goldbraun backen. Ihr werdet sehen, wie allein schon der Geruch des Bacon alle im Raum glücklich macht.

- Den Ahornsirup in einem Topf zum Kochen bringen und warten, bis sich die Blasen deutlich vergrößern. Das bedeutet, dass ein Teil des Wassers aus dem Sirup verdampft ist. Nun gebt ihr die Pekannüsse und das Salz hinzu. Nehmt den Topf vom Herd und rührt noch etwa 1 Minute weiter. Sobald ihr feststellt, dass der Zucker im Topf beginnt, härter zu werden, packt ihr die Nüsse auf ein Backpapier und lasst sie erkalten.

- Erhitzt eine gusseiserne Pfanne mit den gut eingefetteten Metallringen auf dem Herd auf der mittleren Stufe. Füllt den Teig (siehe Seite 118) ein, streut ein paar Cranberrys obendrauf und stellt die Pfanne in den auf 190 °C (Umluft) vorgeheizten Ofen und backt das Ganze 10–15 Minuten. Aus dem Ofen nehmen, die Ringe entfernen und die Pancakes auf dem Herd noch einmal jeweils 1 Minute von jeder Seite auf Stufe 1 nachbacken.

- Stapelt jetzt 3 Pancakes pro Portion aufeinander, gebt einen großzügigen Klecks Frischkäsecreme darauf, werft ein paar Cranberrys und gebrochene Karamellnüsse obendrüber und legt den Bacon obendrauf. Serviert die Pancakes und gebt euren Gästen die Chance, sich so viel Ahornsirup wie möglich darüberzugießen. Besser geht es nicht!

BACON
PANCAKES

LONDON

BACON
PANCAKES
MAKIN'
BACON
PANCAKES

DAS RICHTIGE FRÜHSTÜCK FÜR DEN RICHTIGEN ANLASS

Besondere Anlässe verlangen nach einem besonderen Frühstück. Egal ob Karneval, Weihnachten mit der Familie oder der Tag des Jüngsten Gerichts: Feste muss man feiern, wie sie fallen. Und da wir keine Kinder von Traurigkeit sind und ziemlich gut wissen, wie man feiert, wissen wir auch, dass es dafür eine gute Grundlage braucht. Die folgenden Rezepte können aber auch Inspiration sein und unabhängig von besonderen Anlässen zubereitet werden, und zwar immer dann, wenn ihr Lust auf etwas richtig Spezielles zum Frühstück habt.

OSTERSTULLE

Die Eiersuche kann anstrengend sein – besser, man hat gut gefrühstückt. Diese herzhafte Schlemmerei solltet ihr definitiv nicht nur zum Osterfrühstück servieren!

Für die Senfcreme
2 Eigelbe
2 EL mittelscharfer Senf
2 EL grober scharfer Senf
20 g Apfelessig
100 ml Pflanzenöl
100 g Joghurt (3,5 % Fett)
3 g Salz
5 g Zucker
frisch gemahlener schwarzer Pfeffer

Außerdem
12 Eier
1 großer herzhafter Osterzopf
200 g Feldsalat
1 Bund Frühlingszwiebeln
20 g Petersilie
6 große Gewürztagetes

Für 6 Personen

- Bringt einen Topf mit Wasser zum Kochen und gebt die Eier hinein. Kocht sie für 7 Minuten und schreckt sie gut in kaltem Wasser ab, bevor ihr sie schält.

- Gebt die Eigelbe mit den beiden Senfsorten und dem Essig in eine kleine Schüssel und verrührt sie gut mit einem Schneebesen. Jetzt rührt ihr nach und nach das Öl ein. Sobald alles zu einer homogenen Masse geworden ist, gebt ihr Joghurt, Salz, Zucker und Pfeffer dazu und verrührt alles gut miteinander.

- Schneidet 6 großzügige Scheiben vom Osterzopf ab und toastet sie. Den Feldsalat waschen, trocken schütteln und 1 Handvoll auf auf jeder getoasteten Scheibe verteilen. Die Eier vierteln und obenauf legen, mit etwas Salz würzen und dann reichlich Senfcreme darüberlöffeln. Frühlingszwiebeln und Petersilie waschen, trocken schütteln, fein schneiden und dazugeben. Nun drapiert noch die gezupften Tagetes-Blütenblätter darauf. Lasst es euch schmecken!

TAG DES JÜNGSTEN GERICHTS

Das allerletzte Frühstück? Eine eher unschöne Vorstellung. Sollte es aber mal so weit sein, kommt diese Kombination aus Hack und Asiatisch bei uns auf die Teller.

—

Für die Hackfleischsauce

1 Zwiebel
1 rote Chilischote
20 g Ingwer
250 g Hackfleisch gemischt
etwas Pflanzenöl zum Anbraten
3 g Salz
1 Glas Satésauce
20 ml Limettensaft

—

Außerdem

12 Scheiben Toastbrot
6 EL Ketjap Manis
500 g Kimchi
40 g Koriander
75 g Butter

—

Für 6 Personen

- Die Zwiebel schälen und in Würfel schneiden, die Chilischote waschen, halbieren, die Kerne entfernen und fein schneiden. Den Ingwer schälen.

- Bratet das Hack sehr scharf mit etwas Öl an. Sobald alles gleichmäßig gebräunt ist, gebt ihr die Zwiebelwürfel und die fein geschnittene Chili dazu und bratet diese mit. Reibt nun den Ingwer hinein und würzt mit Salz. Gebt die Satésauce und den Limettensaft hinein, rührt um und lasst das Ganze 10 Minuten köcheln.

- Breitet eure Toastbrotscheiben aus und gebt einen großzügigen Esslöffel Ketjap Manis auf 6 der Brotscheiben, löffelt die Hackmasse darauf, belegt es mit grob geschnittenem Kimchi und ein paar Blättern Koriander.

- Bestreicht die übrigen Brotscheiben dünn mit Butter und legt sie mit der Butterseite nach oben auf die andere Sandwichhälfte. Jetzt legt ihr eure Sandwiches mit der Butterseite nach unten in den kontaktgrill, bestreicht die oberen Seiten auch noch mal mit Butter und schließt den Grill. Je nach Power grillt ihr das Sandwich nun 3–5 Minuten, bis es goldbraun und schön knusprig ist.

- Halbiert die Sandwiches diagonal, gebt noch etwas Kimchi und Koriander dazu und serviert sie, solange sie heiß und kross sind.

- **Tipp:** Ketjap Manis ist eine süße, sehr aromatische Sojasauce aus Indonesien, die ihr im gut sortierten Supermarkt und auf alle Fälle im Asialaden bekommt.

KATERBAGEL

Der Tag danach – wenn das mal kein adäquater Anlass für einen besonders guten Frühstücksbagel ist. Dieser Kandidat hier kommt mit altbewährtem Hering, Roter Bete und Meerrettich daher, damit euer Kater schnell auskuriert ist.

—

Für die Meerrettichcreme

50 g Tafelmeerrettich
100 g Schmand
10 ml Zitronensaft
3 g Salz

—

Außerdem

6 Rote-Bete-Bagel
½ Kopf Radicchio
1 Zwiebel
1 Granny-Smith-Apfel
120 g gekochte Rote Bete
6 Bismarckhering-Doppelfilets
20 g Dill
10 g Liebstöckel

—

Für 6 Personen

- Die Bagel solltet ihr am Abend vorher bereits gebacken haben. Verwendet dazu das Bagel-Grundrezept auf Seite 25 und ersetzt einfach das Wasser im Hauptteig durch Rote-Bete-Saft. Die Bagel kurz vor dem Servieren aufbacken.

- Verrührt Meerrettich, Schmand, Zitronensaft und Salz zu einer Creme, halbiert die Bagel und bestreicht die Böden mit ein bisschen Creme.

- Den Radicchio waschen, trocken schütteln. Die Zwiebel schälen und ein paar Streifen abschneiden. Den Apfel waschen, vierteln, das Kernhaus entfernen und die Viertel in Scheiben schneiden. Auch die Rote Bete in Scheiben schneiden. Legt nun ein paar Salatblätter und je ein Doppelfilet Fisch auf die Bagel. Nun kommen ein paar Zwiebelstreifen und Apfelscheiben drauf und ein ordentlicher Klecks Meerrettichcreme. Platziert ein paar Scheiben dünn gehobelte Rote Bete, die Kräuter und den Bageldeckel darauf, und ihr seid bereit.

MARTINSSTULLE

Gänseessen oder Karneval – grundsätzlich stellt sich diese Frage für uns nicht! Aber dieses leckere Ding hier ist ein guter Kompromiss und eine stattliche Grundlage vor der Karnevalsfeierei.

—

Für die Gänsekeulen
4 Gänsekeulen
etwas Salz
1 Zwiebel
1 Bund Beifuß
2 Lorbeerblätter
300 ml Pflanzenöl oder Gänseschmalz

—

Für den Rotkohlsalat
500 g Rotkohl
10 g Salz
50 g Himbeeressig
20 g Zucker

—

Für die Creme
75 g Preiselbeeren
100 g Mayonnaise
10 g Essig
2 g Salz

—

Außerdem
100 g ungekochte Maronen
6 Scheiben Sauerteigbrot
(Rezept siehe Seite 12)
40 g Vogelmiere

—

Für 6 Personen

- Die Gänsekeulen einmal gut salzen und in einer heißen Pfanne ringsum goldbraun anbraten. Legt die Keulen dann mit der Hautseite nach oben in eine kleine Auflaufform. Die Zwiebel schälen und grob schneiden. Verteilt den Beifuß, die Lorbeerblätter und die Zwiebelwürfel darauf und gießt das Öl beziehungsweise das Fett an. Die Keulen sollten gut bedeckt sein.

- Stellt die Keulen in den Backofen und lasst sie darin über Nacht beziehungsweise mindestens 9 Stunden bei 60 °C confieren. Sie sollten dann butterweich werden, sodass das Fleisch vom Knochen fällt.

- In der Zwischenzeit bereitet ihr den Rotkohlsalat zu. Schneidet den Rotkohl in Streifen und gebt ihn in eine großzügige Schüssel, würzt ihn mit Salz, Himbeeressig und Zucker und knetet ihn etwa 5 Minuten kräftig durch. Sobald er etwas weicher ist und der Saft austritt, drückt ihr ihn etwas fest und lasst ihn mindestens 1 Stunde, besser ebenfalls über Nacht durchziehen.

- Nehmt die Keulen aus dem Fett und löst das Fleisch ab. Haut und Knochen könnt ihr entsorgen. Gebt das Fleisch in eine Schüssel und deckt es mit Folie ab, damit es nicht auskühlt und austrocknet.

- Für die Creme einfach alle Zutaten in einer Schüssel verrühren.

- Um die Maronen zu schälen, heizt ihr einen Ofen auf 180 °C (Umluft) vor, ritzt die Maronen oben über Kreuz ein und gebt sie für 10 Minuten ins Rohr. Sie platzen dann auf und ihr könnt sie nun mit einem kleinen Messer abschälen.

- Toastet die Brotscheiben, verteilt die Creme und die Gans darauf. Gebt etwas Rotkohlsalat dazu, hobelt die rohen Maronen darüber und verteilt ein bisschen Vogelmiere darauf. Alaaf!

SÜẞER WEIHNACHTS-TOAST

Besonders an Weihnachten darf es ein leckeres Frühstück sein. Da kommt diese Köstlichkeit aus Panettone und winterlichen Gewürzen gerade recht.

—

Für den French Toast
1 großer Panettone
10 Eier
1 l Vollmilch
1 Prise Salz
etwas Pflanzenöl

—

Für die Gewürzsahne
500 g Sahne
50 g Puderzucker
1 g gemahlener Kardamom
2 g gemahlener Zimt

—

Außerdem
1 Pomelo
300 g gebrannte Mandeln

—

Für 6 Personen

- Schneidet den Panettone in 6 etwa gleich dicke Scheiben, vermischt die Eier und die Milch und 1 Prise Salz und weicht die Panettonescheiben darin kurz ein. Nach 5 Minuten einmal umdrehen.

- Die Sahne verrührt ihr mit dem Puderzucker und den Gewürzen, gebt sie in einen Sahnesiphon oder schlagt sie mit einer Küchenmaschine steif.

- Schält die Pomelo und zupft das Fruchtfleisch in kleine Stücke.

- Gebt die Mandeln in einen Beutel und klopft sie mit einem Fleischklopfer oder einem Nudelholz in kleinere Stücke.

- Erhitzt die Pfanne mit etwas Öl, nehmt die Panettonescheiben aus der Masse, tropft sie vorsichtig ab und bratet sie ringsum goldbraun an.

- Platziert sie danach auf einen Teller, gebt ordentlich Sahne, Pomelo und Mandeln darauf und serviert die Köstlichkeit euren Gästen.

UNTERWEGS & EILIG

Dieses Kapitel soll euch zeigen: Richtig gutes Frühstück geht auch zum Mitnehmen. Herkömmliches to go hat für uns nämlich schon lange ausgedient, Plastikverpackungen und Wegwerfartikel in Kombination mit unspektakulärem Sättigungsmaterial und wenig Geschmack lässt uns ziemlich kalt. In diesem Kapitel erfahrt ihr, wie ihr euch stattdessen ein leckeres Frühstück für unterwegs macht, das euch sogar noch 10 Minuten länger schlafen lässt, wenn ihr es bereits am Vorabend zubereitet. Klingt das nicht ziemlich verlockend?

Egal ob vor der Arbeit als schnelles Frühstück auf die Hand, tagsüber mal zwischen Tür und Angel oder als Snack für einen Wochenendausflug – unsere besten Wegbegleiter sind mit etwas Zeitmanagement schnell gemacht und machen es euch nicht schwer, unterwegs lecker zu essen. Ab sofort gibt es keine Ausreden mehr!

ARANCINI

Eigentlich eine Resteverwertung für Risotto vom Vortag, ist das hier eine leckere Porridge-Variante, die ihr am besten bereits am Abend vorher vorbereitet. So startet ihr nicht nur entspannt, sondern auch richtig lecker in euren Tag.

—

Für die Risottobällchen
2 Schalotten
2 EL Olivenöl
200 g Gerste
50 g Haferflocken
100 ml Weißwein
1 l Gemüsefond
1 Lorbeerblatt
50 g gehobelter Parmesan
7 g Salz, 10 g Zucker
30 g Essig
6 Cocktailtomaten

—

Für die Panade
100 g Mehl
2 Eier
250 g grobes Paniermehl
20 g Haferflocken

—

Für das Pesto
40 g frisches Basilikum
20 g frische Petersilie
10 g frische Minze
50 g Parmesan
10 ml Olivenöl
30 g geröstete Pinienkerne
3 g Salz
frisch gemahlener schwarzer Pfeffer nach Bedarf

—

Für 2 Personen

- Die Schalotten waschen, trocken schütteln, fein würfeln und in etwas Öl anschwitzen. Die Getreidekörner und Haferflocken dazu, etwas mit anschwitzen und mit dem Weißwein ablöschen. Sobald der Weißwein fast verkocht ist, gießt ihr ein Drittel des Gemüsefonds an, gebt das Lorbeerblatt dazu und reduziert die Hitzezufuhr um die Hälfte. Immer schön rühren.

- Sobald die Brühe annähernd aufgesogen ist, gebt ihr das nächste Drittel dazu und wiederholt das Ganze, bis die Masse schön schlotzig ist, mit leicht bissfesten Körnern.

- Den Parmesan hinzugeben, umrühren und mit Salz, Zucker und Essig würzen. Dann abkühlen lassen.

- Teilt die abgekühlte Masse in 6 Portionen à etwa 100 Gramm auf. Feuchtet eure Hände etwas an, drückt jede Portion breit und legt 1 ganze Cocktailtomate in die Mitte. Formt die Masse nun um die Tomate herum zu einer Kugel, rollt diese mit beiden Händen rund legt sie auf ein leicht mehliertes Blech.

- Für die Panade: eine Schüssel mit Mehl, eine Schüssel mit verquirlten Eiern und eine Schüssel mit der Paniermehl-Haferflocken-Mischung

- Die Bällchen durchs Mehl rollen, abklopfen, anschließend ins Paniermehl. Danach kommt eine Schicht Ei und noch eine Schicht Paniermehl.

- Gebt jetzt maximal 2 Bällchen pro Durchgang in eine 180 °C heiße Fritteuse und backt sie ringsum goldbraun und knusprig aus. Danach lasst ihr sie noch ein paar Minuten auf Küchenkrepp abtropfen, um überschüssiges Fett loszuwerden.

- Das Pesto macht ihr entweder in einem Mörser oder einem kleinen Mixer. Zerkleinert alle Zutaten außer das Olivenöl zu einer Paste. Danach rührt ihr das Olivenöl vorsichtig ein und schon seid ihr fertig. Jetzt nur noch einpacken, mitnehmen und schmecken lassen. Ihr könnt sie jetzt kalt, zimmerwarm oder heiß essen.

BERRY-BE-HAPPY-SHAKE

Ein beeriger Shake, der einfacher und schneller nicht gemacht sein könnte. Entweder ihr gönnt euch das Frühstück im Glas zu Hause oder ihr nehmt es einfach mit – für einen fröhlichen Start in den Tag.

Zutaten

500 ml Buttermilch
150 g gemischte TK-Beeren
100 g TK-Sauerkirschen
10 g Weizenkleie
20 g Haferflocken
2 g Leinsamen
40 g Holunderblütensirup
1 Prise Salz

Für 2 Personen

- Alle Zutaten in den Standmixer geben, 1 Minute bei voller Kraft mixen und fertig. Bonus: Der Klang des Mixers macht so richtig wach.

BREAKI WRAP

Ein healthy Klassiker mit dem gewissen Etwas, der Kraft für den Tag gibt und am Arbeitsplatz garantiert alle Kollegen neidisch werden lässt.

—

Für das Omelett
3 Eier
etwas Salz
frisch gemahlener schwarzer Pfeffer
etwas Worcestersauce
etwas Pflanzenöl

—

Für die Artischockenpaste
1 Dose Artischockenböden
10 g Zitronensaft
10 g Olivenöl
etwas Salz
½ rote Chilischote
etwas frische Petersilie

—

Für die Füllung
½ Gurke
½ rote Paprikaschote
1 Romanasalatherz

—

Außerdem
2 Wraps
20 g Frischkäse

—

Optional
4 Scheiben Frühstücksspeck

—

Für 2 Personen

- Wir beginnen mit dem Omelett. Schlagt die Eier in die Schüssel und verrührt sie mit 2 Gramm Salz, etwas frisch gemahlenem Pfeffer und einigen Spritzern Worcestersauce.

- Solltet ihr Bacon in eurem Wrap haben wollen, bratet ihr den Frühstücksspeck mit wenig Pflanzenöl in der Pfanne goldbraun an und legt ihn zur Seite.

- Die Eimasse jetzt in die Pfanne geben, etwas rühren, in der Mitte der Pfanne etwas zusammenschieben und dann ringsum stocken lassen. Solltet ihr keinen Bacon wollen, bratet ihr das Omelett einfach nur in Öl an.

- Für die Artischockenpaste nehmt ihr die Artischockenböden und gebt sie in eine Schüssel. Zitronensaft, Olivenöl und Salz dazu und mit dem Stabmixer zu einer stückigen Paste mixen. Jetzt noch die Chilischote halbieren, entkernen und fein schneiden, ebenso die Petersilie waschen, trocken schütteln und fein schneiden und beides unterrühren – fertig ist der Artischockenaufstrich.

- Jetzt müsst ihr nur noch Gemüse und Salat waschen, die Paprika entkernen und schnippeln: die Gurke und Paprika in Streifen, den Romanasalat in einzelne Blätter und das Omelett der Länge nach halbieren.

- Jetzt legt ihr die Wraps etwa 10 Sekunden in die Mikrowelle. Bestreicht sie gleichmäßig mit Frischkäse, gebt einen kräftigen Klecks Artischockenpaste in die Mitte und legt alle weiteren Zutaten vertikal und mittig in den Wrap. Überschlagt zuerst die linke Seite über die Mitte, dann die Unterseite nach oben und zu guter Letzt die rechte Seite über den Rest. Jetzt noch einpacken und in der Mitte halbieren.

MIKROWELLEN-PORRIDGE

Morgens immer zu spät dran? Das Problem kennen wir nur zu gut. Das sollte uns aber nicht von einem gesunden Frühstück abhalten. Zum Glück wisst ihr jetzt, wie ihr das verhindern könnt. Dieses Porridge lässt sich sogar gut ein bis zwei Tage im Voraus zubereiten!

—

Für die Trockenmischung
150 g Haferflocken
20 g Leinsamen
100 g Mandelblätter
10 g Weizenkleie
100 g Sultaninen
1 Prise Kardamom
1 Prise Muskat
1 Prise Salz

—

Für die Äpfel
1 Pink-Lady-Apfel
1 Granny-Smith-Apfel
30 ml Zitronensaft

—

Optional
etwas Joghurt

—

Für 6 Personen

- Den Backofen auf 180 °C (Umluft) vorheizen und die Haferflocken darin etwa 10 Minuten rösten. Mischt sie mit den anderen trockenen Müslizutaten und den Gewürzen. Verteilt es nun auf 2 Gefäße.

- Raspelt beide Äpfel grob mit dem Vierkanthobel in eine Schüssel, gebt den Zitronensaft dazu und verknetet alles gut. Je besser der Zitronensaft einzieht, umso geringer ist die Chance, dass die Äpfel braun anlaufen. Auf die Trockenmischung in die Gläser verteilen, Deckel draufschrauben und morgens in aller Eile in die Tasche packen.

- Sobald ihr eine Pause oder eine ruhige Minute habt, packt ihr euer Porridge in die Mikrowelle. Lasst den Deckel drauf und gebt dem Porridge 2 Minuten bei voller Leistung. Nehmt den Deckel ab, aber Vorsicht: heiß! Jetzt einmal gut umrühren und schmecken lassen.

- **Tipp:** Wenn ihr wollt, könnt ihr euch noch etwas Joghurt obendrauf machen, um etwas mehr Gehalt in euer Frühstück zu bekommen.

MÜSLI-BARS

Vergesst herkömmliche Müsliriegel, die nur so vor Zucker strotzen. Jetzt machen wir richtig leckere Powerbars einfach mal selbst!

Variante 1

200 g Mandelhobel
200 g Kokosraspel
200 g Haferflocken
200 g Agavendicksaft
30 g Cru de Cacao
75 g dunkle Schokoraspel
10 g Leinsamen
20 g Braunhirsebällchen
1 Prise Salz

Variante 2

200 g Erdnüsse
40 g Puffreis
250 g Haferflocken
100 g Honig
150 g Cranberrys
150 g Erdnussbutter
10 g Leinsamen
1 Prise Salz

Variante 3

100 g geschälte Haselnusskerne
200 g Buchweizen
250 g Dinkelflocken
100 g Honig
100 g Rosinen
150 g Haselnusscreme oder Haselnussbutter
1 Prise Salz

Für je 2 Personen

- Hier habt ihr unsere drei Lieblingsvarianten, aber ihr seht: Der Fantasie sind keine Grenzen gesetzt. Alles, was lecker und gesund ist, kann für Müsli-Bars verwendet werden. Versucht einfach zuerst unsere Varianten und werdet dann selbst kreativ!

- Für alle drei Varianten gilt: Heizt den Backofen auf 160 °C (Umluft) vor. Röstet die Nüsse und die Zerealien zusammen etwa 10 Minuten an, bis sie goldbraun sind. Gebt den Honig beziehungsweise den Agavendicksaft in eine Antihaftpfanne und kocht ihn bei mittlerer Hitze auf. Gebt die Nuss-Zerealien-Mischung, die anderen Zutaten wie die Trockenfrüchte und das Salz beziehungsweise den Kakaobohnenschrot hinzu und lasst es nun 3–4 Minuten unter ständigem Rühren auf dem Herd köcheln.

- Nehmt die Pfanne von der Hitze und rührt jetzt je nach Rezept die Schokolade oder die Erdnuss- oder Haselnussbutter unter. Die Müsliriegelmasse auf ein mit Backpapier belegtes Backblech geben, andrücken und etwas abkühlen lassen, zu gleich großen Rechtecken schneiden und dann komplett erkalten lassen. Frohes Knuspern!

TMA
Das Betreter
der Bahnanlag
ist verboten !
Häfen- und Güterverke

BRENNSTOFF

Zugegeben: Kaffee ist eine gute Startrampe in den Tag, aber manchmal ist sie einfach nicht steil genug. Hier muss dann mehr Treibstoff her, daher darf es auch bei uns mal ein Schuss mehr sein. Richtig geraten: Jetzt geht es um Alkohol! Wir mögen kleine Cocktails zum Frühstück ziemlich gerne, besonders wenn wir Freunde zu Gast haben. Die kleinen Umdrehungen, die wir euch hier vorstellen, versetzen euch direkt in Feierstimmung, lassen eure Füße aber am Boden. Hier gilt: Alles kann, nichts muss. Die Stärke eurer Drinks bestimmt ihr, und sie bestimmen dann wiederum den Verlauf eures Tages. Aber denkt dran: in Maßen trinken, nicht in Massen. Cheers!

BLUTIGE MARIE

Unsere Kölsche Version einer Bloody Mary. Klingt komisch, ist aber eine ziemlich gute Katerkur.

Zutaten

350 ml Tomatensaft
65 g scharfer Tafelmeerrettich
50 ml Gewürzgurkensud
1 Prise Salz
15 g Apfelessig
1 Prise Zucker
80 ml Korn
1 Gewürzgurke

Für 2 Drinks

- Dieser Drink ist richtig gemacht. Mischt alle Zutaten in einem Standmixer für 30 Sekunden auf Vollgas. Ihr könnt das Ganze anschließend entweder durch ein feines Sieb passieren, dann ist euer Drink etwas dünner, oder ihr lasst die Marie unberührt und habt einen sehr sättigenden Drink.

- Verteilt das Getränk auf 2 Gläser und dekoriert es vor dem Servieren jeweils mit einer halben Gewürzgurke.

- **Tipp:** Geht übrigens auch ohne Stoff. Dann ist es halt eine unschuldige Marie.

BLUEBERRY DAIQUIRI

Hier gilt das Motto „Detox just to retox".

Zutaten

30 g Haferflocken
5 g Rooibostee
200 ml Wasser
10 g brauner Rohrzucker
8 cl Rum
1 Prise Salz
200 g TK-Heidelbeeren

Für 2 Drinks

- Röstet die Haferflocken 10 Minuten bei 180 °C im Ofen, vermengt sie mit dem Tee, gießt 200 Milliliter heißes Wasser darüber und lasst es weitere etwa 10 Minuten ziehen, dann abkühlen lassen und kalt stellen.

- Passiert das Ganze durch ein Teesieb, rührt den Rohrzucker ein und gebt alles mit den weiteren Zutaten in einen Standmixer. Alles gut zu einer eisigen Masse mixen und auf vorgekühlte Daiquirigläser verteilen.

- Zum Schluss kommt der beste Arbeitsschritt: trinken!

BRATAPFEL-EGGNOG

Egal ob Herbst, Winter oder einfach nur Schietwetter, dieser Drink wärmt eure Seele.

Zutaten

10 cl Kings Liebelei
6 cl Calvados
20 g Birnen-Apfel-Kraut
8 cl Schwedenmilch (oder Kefir)
8 cl Hafermilch
2 cl Zitronensaft
Eiswürfel
1 Prise Muskatnuss

Für 2 Drinks

- Alle Zutaten bis auf den Muskat in einem Shaker gut shaken und auf Longdrinkgläser verteilen. Muskat darüberreiben und servieren.

ESPRESSO MARTINI UND OVOMALTINI

Zwei Wachmacher für Kopf und Leber, die alle Scharchnasen wieder auf Hochtouren bringen. Hier reicht einer!

Espresso Martini
Eiswürfel
2 doppelte Espressi
4 cl Wodka
8 cl Kaffeelikör

Ovomaltini
5 g brauner Rohrzucker
1 Prise Salz
2 EL Ovomaltine
100 ml Wasser
Eiswürfel
4 cl Wodka
5 cl Rum

Für 2 Drinks

- **Espresso Martini:** Den Shaker mit ausreichend Eiswürfeln befüllen, Espresso, Wodka und Kaffeelikör darübergießen, Deckel drauf, festdrücken und 20 Sekunden beherzt shaken. Gebt ruhig richtig Gas, ihr wollt ja eine schöne Creme obenauf haben.

- Nun durch die obere Öffnung in die 2 Martinigläser füllen. Wir mögen unseren Espresso Martini übrigens kalt, daher packen wir die Gläser vorher für eine Weile in den Tiefkühler.

- **Ovomaltini:** Beim Espresso Ovomaltini ist alles fast genauso: Ihr verrührt am Anfang nur den Zucker, das Salz und das Ovomaltinepulver im heißen Wasser. Danach geht ihr genauso vor wie beim Espresso Martini. Prösterchen!

WYSSER SCHWIIZER

Zwar eine etwas aufwendigere Mischung aus Birchermüsli und White Russian, aber die Mühe lohnt sich.

—

Zutaten

20 g grüner Hafertee
700 ml Doppelkorn
150 g 6-Getreide-Mischung
350 l Hafermilch
15 g Getreidekaffee
100 g Wasser
100 g brauner Zucker
Eiswürfel
150 ml Schwedenmilch
(oder Buttermilch)
1 Orange

—

Für 2 Drinks

- Wir starten mit einer etwas langfristigeren Vorbereitungsarbeit: Den Hafertee direkt in die Kornflasche geben und mindestens 14 Tage ziehen lassen. Schneller geht es, wenn ihr Korn und Tee zusammen vakuumiert und circa 2 Stunden bei 65 °C im Wasserbad ziehen lasst. Danach in Eiswasser abkühlen.

- Für die Getreidemilch das Getreide bei 180 °C (Umluft) 30 Minuten rösten. Die Hafermilch in einen Topf geben und die heißen Körner sowie den Getreidekaffee hinzugeben. Abgedeckt mindestens 1 Stunde ziehen lassen und danach passieren. Könnt ihr auch gut am Abend vorher zubereiten und bis zum Gebrauch kühl lagern.

- Der Zuckersirup ist ebenfalls ein Job für den Vortag. Einfach das Wasser aufkochen, den Zucker darin auflösen und abkühlen lassen.

- Befüllt zwei Longdrinkgläser mit Eiswürfeln, gießt jeweils 6 Centiliter abgesiebten Korn, 100 Milliliter Getreidemilch und 3 Centiliter Zuckersirup dazu und rührt mit einem Barlöffel um. Nun lasst ihr 75 Milliliter Schwedenmilch einlaufen. Es soll etwas unvermengt aussehen. Jetzt reibt ihr noch etwas Orangenschale darüber und die Drinks sind servierbereit! Und jetzt, hopp Schwiiz!

HEILANDT
Kaffeemanufaktur

DANKE.

Laut Elton John ist „Sorry sagen" das Schwerste auf der Welt. Aber tatsächlich ist es ein genauso inflationär benutztes Wort wie Danke. Viele sagen heute Danke, weil es sich einfach gehört und sein muss.

Unser Dank aber kommt von Herzen, denn ohne die Unterstützung unserer Liebsten und der Kochbuch-Crew wäre dieses Projekt nicht zustande gekommen. Den Anfang mache ich alleine und bedanke mich bei den großartigen Frauen in meinem Leben. Ohne euch wäre das hier nicht möglich und ich wahrscheinlich ein mittelloser Künstler, immer auf der Jagd nach dem nächsten kreativen Hirngespinst.

Zuerst Danke an meine großartige Geschäftspartnerin und ziemlich beste Freundin, die jede meiner abgefahrenen Ideen mitträgt, mir den Rücken freihält und mich ausbremst, wenn es nötig ist. Sonja, du bist ohne jeden Zweifel Herz und Seele unserer kleinen Gemeinschaft. Dir, Stephanie, für dein fast schon Mutter-Teresa-haftes Verständnis. Dafür, dass du mich in den letzten Monaten so oft mit den Mädels zum Spielen rausgelassen hast und natürlich dafür, dass es dich gibt! Vergessen sei hier auch nicht, dass du versucht hast, mir bei der ganzen Arbeit ein Privatleben aufrechtzuerhalten ...

Danke an dich, Jennifer, für deine großartigen Fotos, deine Geduld mit mir und meine Besserwissereien. Nicht zu vergessen deine fast magischen Photoshop-Skills, mit denen auch wir noch mal frisch und unverbraucht wirken. Schmutzige Geschichten und Jokes kann übrigens auch kaum einer so wie du. Damit hast du mich auch bei schlechter Laune zum Lächeln gebracht.

Vroni oder Veronika (für alle, die es sich bei ihr verscheißen wollen), unser Schreiberling des Vertrauens. Auch du hast sehr viel Geduld mit mir und meinen waghalsigen popkulturellen Anekdoten bewiesen und trotzdem hattest du noch Zeit, so großartige Texte zu schreiben. Ich bin sehr froh, dass du in unser Leben gestoßen bist, extrem viel beigetragen hast und mittlerweile eine so großartige Freundin bist. Willkommen in der NeoBiota-Familie.

Danke, Lars und Chefstories. Ohne euch wäre dieses Buch wahrscheinlich immer noch nur eine Idee in unseren Köpfen und nicht verlegt. Danke, Antonia, für deinen Einsatz und die festen Zügel.

Danke an unser Team, für eure Unterstützung – ihr seid alle großartig! Unseren Familien möchten wir natürlich auch danken. Wobei Mama Baumann und Schorsch Clooney hier noch mal besonders hervorzuheben sind. Immerhin waren Sonjas Eltern stets mit Rat, Tat, Seelentrost zur Stelle und haben auch gespült, wenn Not am Mann war. Chris und Heiland Kaffee sei dank, dass wir in euren heiligen Hallen shooten durften. Wobei Chris als inoffizielles NeoBiota-Maskottchen besonders hervorgehoben werden sollte ...

Bedanken möchten wir uns auch bei unserem Verlag für die Möglichkeit, ein eigenes Kochbuch zu machen. Partnern und Unterstützern sei nun genauso gedankt wie Freunden, Kollegen und Gästen – ihr seid der Antrieb, warum wir das machen!

Ihr alle seid einfach knorke!

IMPRESSUM

Hinweis: Die Ratschläge/Informationen in diesem Buch sind von Autoren und Verlag sorgfältig erwogen und geprüft, dennoch kann eine Garantie nicht übernommen werden. Eine Haftung der Autoren beziehungsweise des Verlags und seiner Beauftragten für Personen-, Sach- und Vermögensschäden ist ausgeschlossen.

Projektidee und Initiative: The Chefs' Stories GmbH, Hamburg
Projektkoordination und Textredaktion: Veronika Diesenbacher und Antonia Wien, The Chefs' Stories GmbH, Hamburg

Fotoproduktion Innenteil und Cover: Jennifer Braun, Köln
Schlussredaktion: Susanne Schneider
Projektleitung: Dr. Harald Kämmerer
Umschlaggestaltung, Satz, Innenlayout: OH, JA! (www.oh-ja.com)
Herstellung: Elke Cramer
Bildnachweis: Alle Fotos stamme von Jennifer Braun, mit Ausnahme der Illustrationen: Bakai/istockphoto (Shutterstock) und Carabus/shutterstock (Shutterstock)

Reproduktion: Mohn Media Mohndruck GmbH, Gütersloh
Druck & Bindung: DZS Grafik d.o.o., Ljubljana

FSC www.fsc.org MIX Papier aus verantwortungsvollen Quellen FSC® C106600

Verlagsgruppe Random House FSC®N001967

ISBN 978-3-517-09916-3
1. Auflage 2020